Osez...

les nouveaux jeux érotiques

dans la même collection

Osez tout savoir sur la fellation, Dino
Osez l'échangisme, Hélène Barbe
Osez faire l'amour partout sauf dans un lit, Marc Dannam
Osez les jeux érotiques, Dominique Saint-Lambert
Osez le sexe sur Internet, Thomas Perrin
Osez tout savoir sur le SM, Gala Fur
(Pour vous les filles) Osez les conseils d'un gay pour faire l'amour à un homme, Érik Rémès
Osez la fessée, Italo Baccardi
Osez vivre nu, Marc Dannam
Osez le sexe selon les astres, Brigitte Lahaie
Osez le bondage, Axterdam
Osez tourner votre film X, Ovidie
Osez faire l'amour à 2, 3, 4..., Marc Dannam
Osez préparer votre corps à l'amour, Italo Baccardi

Illustration de couverture : Arthur de Pins
Conception graphique : Carole Peclers, Monique Plessis

122 rue du Chemin-Vert
75 011 Paris

ISBN : 2-84271-285-4

Velvet et Dominique Saint-Lambert

Osez...
les nouveaux jeux érotiques

La Musardine

Introduction

Osez les nouveaux jeux érotiques
Carnet de jeux pour amoureux en voyage

Après *Osez les jeux érotiques*, mode d'emploi pour revitaliser vos jeux de sociétés, voici *Osez les nouveaux jeux érotiques*. Si le premier était un manuel ludique, celui-ci est un carnet d'exercices immédiatement utilisable à l'aide d'un simple crayon.

Vous allez jouer en voyage, parcourir les kilomètres de l'amour. Vous avez dans la main un petit recueil de jeux, utilisable en train, en avion, en voiture, à bicyclette, en métro ou en tram. Il vous sera utile dans les gares, aéroports, ports, chez vous, rêvant aux voyages, etc. Des jeux distrayants sur le thème de l'érotisme et du sexe en voyage, jouables seul, à deux ou plus, simultanément ou successivement. Des jeux très variés mais ne nécessitant que ce livret et un crayon.

Vous affronterez des mots croisés et le fameux SoToku, vous sauterez d'un jeu de lettres ou de mots à l'autre, mots cachés qu'il vous faudra retrouver, mots cassés que vous devrez reconstruire, intrus à chasser, dernières lettres communes à plusieurs mots qu'il faudra compléter, orthographe de copulation, et autres... Vous serez confronté à des anagrammes et à des charades qui mettront en valeur votre sagacité. Face aux dessins à compléter, votre imagination et vos connaissances en matière de sexe et d'érotisme seront mises à l'épreuve. Et encore de petites histoires à reconstituer, des mots à replacer dans des textes coquins, des codes secrets et le jeux des 7 erreurs !...
Vous allez également pouvoir tester vos connaissances en matière de sexe et d'érotisme (quiz et jeux des positions), mais aussi interroger votre façon de vous voir et celle de votre compagnon (ou compagne) de route tout au long de ce livre.

Ces petits jeux peuvent se jouer seul. Certains vous invitent plutôt à jouer à deux, notamment les questions croisées. Mais vous pourrez aussi jouer à plusieurs et confronter vos réponses : un mode d'emploi en fin de livre vous permet de noter et comparer vos résultats. Utile pour distribuer des gages... mais pas obligatoire !

Ce petit livre est une occasion de rire, de plaisanter, de parler sexe et érotisme, bref un bon plan pour aborder vos désirs et les siens, parier sur des réponses, se donner des gages et créer des défis. Osez jouer coquin et aimez vous les uns et les autres !

1. la croisière s'amuse

Texte à trous

La Croisière lubrique

Replacez ces mots dans le texte :

raie / pelotait / pubis / glaçon / nichons / l'aréole / obscènes

— À vos ordres, mon capitaine !

Tracy baissa les yeux, gênée, mais il l'enlaça par la taille et l'embrassa sur la bouche. Tracy titubait tandis qu'il la pelotait et passait la langue sur ses tétons, les faisant durcir.

Il glissa une main dans sa culotte, tout en aspirant la pointe d'un sein.

— Tu as les plus beaux nichons de l'Olympic !

Il lui caressait à présent les fesses, lui soupesait les seins, ses doigts s'enfonçaient autour de l'aréole, malmenaient les bouts. Il les léchait à grands coups de langue, s'amusait à les napper de salive.

— Non ! Arrêtez ! gêmit Tracy.

Elle éprouvait une excitation croissante. William, insensible à ses plaintes, fouilla sa raie...., un doigt tendu entre ses fesses, à travers la soie. Il suçait ses seins avec des bruits obscènes. Il baissa tout à coup sa culotte et avant qu'elle puisse le repousser, il lui écarta les jambes de son genou. Tracy ne pouvait pas lui échapper. Il abandonna un instant ses seins pour pêcher dans le seau à champagne un autre glaçon à moitié fondu. Il le frotta contre son ..pubis.., l'introduisit même entre ses lèvres pendantes. Tracy frissonna de plus belle et piailla.

— Hum ! Mais c'est brûlant là-dedans ! constata William.

Il enfonça le glaçon..... dans l'orifice avec son pouce.

Extrait de la Croisière lubrique *de Patrick Saint-Just,*
Média 1000

Autres jeux avec ce texte :

Si vous avez du temps devant vous, vous pourrez exercer votre mémoire en apprenant par cœur quelques lignes de ce texte et en les récitant à un éventuel partenaire, qui de son côté aura fait de même avec un autre des textes à trous. Les fautes, oublis ou hésitations se payant de bises ou autres faveurs.

Si vous avez l'âme créative, ou plus simplement le corps en alerte, vous pouvez aussi continuer l'histoire et faire apprécier la suite que vous inventez à votre ou vos camarades de jeux.

Dessin caché

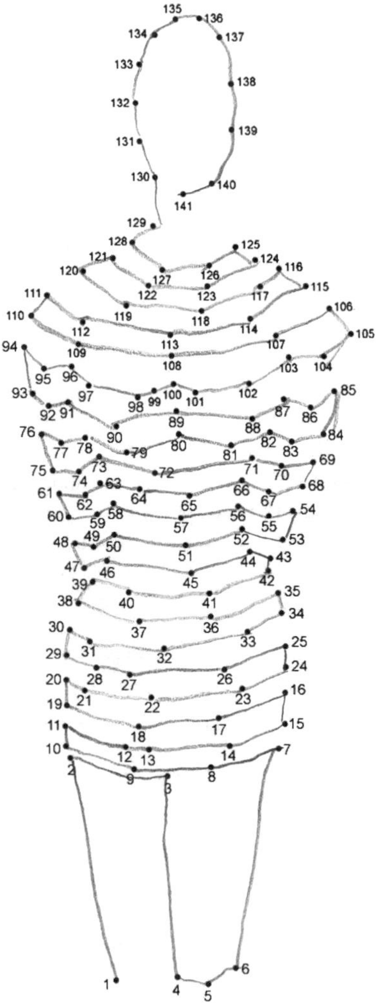

Reliez les chiffres entre eux et découvrez le dessin.

Mots cachés

*Cinq **clitoris** se cachent dans cette grille.*
Les trouverez-vous rapidement ?

C	R	E	F	U	G	C	L	O	L	E	R	M	C	T
V	E	R	A	D	X	C	I	L	O	C	T	N	R	O
A	S	E	R	B	A	T	C	L	I	T	O	R	I	S
C	L	O	C	H	E	R	P	A	T	I	N	O	I	C
L	O	G	L	E	M	E	N	D	E	S	K	L	O	T
U	R	E	I	T	É	R	A	T	I	O	N	C	L	V
C	L	I	T	O	R	I	S	C	L	L	O	V	I	S
T	O	R	O	T	A	B	C	D	I	S	C	A	J	T
D	R	O	R	I	S	S	A	I	O	T	L	C	L	A
C	L	A	I	R	E	T	T	E	Q	U	I	C	H	A
N	T	E	S	I	B	I	E	N	U	U	T	E	Ç	A
C	R	E	N	O	N	D	C	L	I	T	O	R	I	S
E	N	O	N	C	L	I	S	T	U	D	R	A	P	S
M	E	T	Y	J	C	L	I	M	A	S	I	R	A	I
I	S	I	L	P	O	T	U	R	K	R	S	I	S	S

Baratin

Rédigez des phrases pour entrer en contact avec un ou une inconnue dans la rue...

....

....

....

....

....

....

....

....

....

....

....

....

....

....

Jeu des costumes

Retrouvez les accessoires qui correspondent aux rôles suivants :

Rôle	Accessoires
A. Le flic et son suspect	N° ? 3
B. La maîtresse d'école	N° ? 4
C. Le pirate et sa prisonnière	N° ? 1
D. La reine des amazones et l'aventurier imprudent	N° ? 2

N° 1
Bandana, sabre en plastique, vêtements faciles à arracher, musique de cape et d'épée

N°2
Couronne, musique de percussions, panoplie d'Indiana Jones

N°3
Casquette, insigne, lampe d'interrogatoire

N°4
Petites lunettes, tailleur strict, règle

Jeu des 7 erreurs

© Couverture de *Drekbook*, d'Anton Drek, éditions Dynamite.

Retrouvez les différences qui se sont glissées d'une image à l'autre.

Mots cassés

Avec ces morceaux de mots :

PAT	URS	ENC	BAI
GES	SER	ANG	RAM
DRE	RON	AMO	TEN
ULE	EUR	VER	RER

*Reconstituez huit mots de **6 lettres** chacun.*

PATRON	Modèle
VERGES	Pour se faire battre
BAISER	Parfois de Juda
RAMEUR	Galérien
AMOURS	Plus fort au singulier
TENDRE	Contraire de dur
ENCULE	Par derrière
ANCRER	Mouiller

Orthographe

Indiquez la bonne orthographe d'une croix :

copulasion	
copulation	X
coppulatiom	

Quiz

Entourez la bonne réponse :

Les hommes fantasment sur :

■ Les blondes suédoises aux gros seins

▲ Leur partenaire actuelle

● Leur actrice préférée

Les femmes fantasment sur :

■ Votre coup de rein

▲ Votre coup de langue

● La taille de votre engin

Les Français font l'amour en moyenne :

▲ 116 fois par an

■ 52 fois par an

● 218 fois par an

Où se situe le point G ?

■ Au niveau du clitoris

● Sous les seins

▲ Proche de l'urètre

Qu'est ce que le climax ?

● Un environnement détendu

▲ Un orgasme

■ Une marque de préservatif

Pourquoi les femmes font-elles semblant ?

● Parce que ça fait joli et ça fait rager les voisins

■ Pour en finir vite et entamer une bonne lecture

▲ Parce qu'elles ne veulent pas blesser leur partenaire et qu'elles n'ont aucun mal à jouer ce numéro

Qu'est-ce qu'un gode ?
■ Un Dieu érotique
● Un plat aphrodisiaque
▲ Un phallus artificiel que votre mère découvre en vous aidant à déménager

Que signifie « CAT » :
● Coït Anti-Tâtonnement
▲ Technique d'Alignement Coïtal
■ Confort Anal Transsexuel

Qu'est ce que le bondage ?
■ Un jeu de rôles version James Bond
● Verbe « bander » en vieux Français
▲ Une technique pour attacher une personne

Le Kama Sutra a été écrit :
● En Afghanistan
▲ En Inde
■ Au Japon

Comptez combien vous avez de ▲ ● ■

Vous avez un maximum de ▲
Intello du sexe. Vos connaissances sur le sujet font de vous un(e) champion(ne) indétrônable.
Bravo.

Vous avez un maximum de ●
Vous pouvez commencer à vous constituer une petite bibliothèque érotique.
Prescription : une page chaque soir au coucher.

Vous avez un maximum de ■
Âge sexuel : 4 ans. Retournez à l'école.

Dernières lettres

Retrouvez les trois dernières lettres communes à ces trois mots :

Exemple :

Ann	*ale*
Vén	*ale*
Fin	*ale*

Ché	rie
Ane	rie
Fée	rie

Dur	cie
Mer	cie
Min	cie

Sév	ère
Art	ère
Pat	ère

Charades

Mon premier est le début d'été
Mon second, la fin déjà
Mon troisième est dessous
Mon quatrième possède
Mon cinquième invite à couper

Mon tout un jet joyeux :

..........éjaculation..........

Mon premier est un fond de bouteille
Mon second une maison d'oiseaux
Mon troisième est un tissu
Mon quatrième un clown

Mon tout est apprécié des chattes :

..........cunnilingus..........

Anagrammes

Trouvez les anagrammes correspondant aux indications :

BRAISE	baiser	Avec les lèvres
SACREES	caresse	Avec la main
LOUPE	poule	Pas une dame du monde
VESICAL	lascive	Légèrement amollie
PLIS	slip	Ou caleçon

SoToku (niveau facile)

Comme pour le Sudoku à chiffres, chaque ligne, colonne et région ne doit contenir qu'une seule fois les 9 symboles. Formulé autrement, chacun de ces ensembles doit contenir tous les symboles suivants :

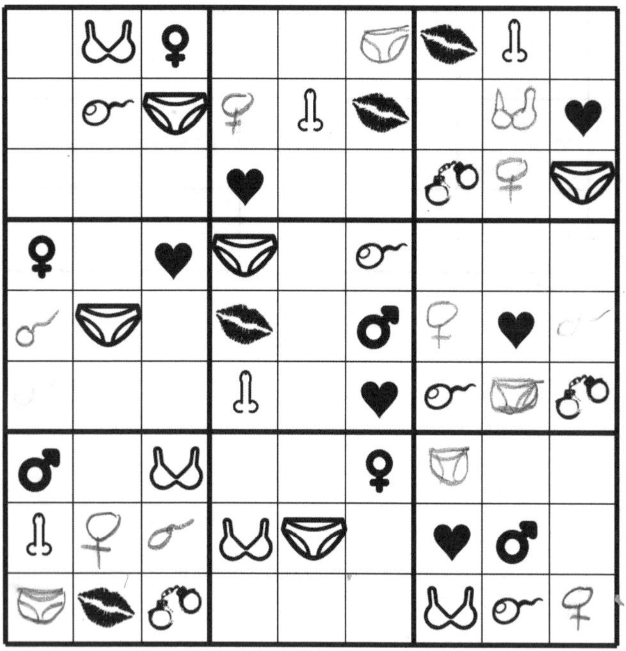

Questions croisées

Vous pouvez jouer seul à ce jeu, mais à deux c'est encore plus excitant !
Le joueur ou la joueuse n° 1 remplit ce questionnaire sans le montrer au joueur ou à la joueuse n° 2 qui fait de même. Une fois les deux remplis, vous montrez vos réponses à l'autre. Une discussion peut s'engager...

Joueuse / joueur N° 1

Si j'étais	Je serais	Si tu étais	Tu serais
un oiseau		un oiseau	
une partie du corps		une partie du corps	
un désir sexuel		un désir sexuel	
un jouet érotique		un jouet érotique	
une musique		une musique	
un meuble		un meuble	

Joueuse / joueur N° 2

Si j'étais	Je serais	Si tu étais	Tu serais
un oiseau		un oiseau	
une partie du corps		une partie du corps	
un désir sexuel		un désir sexuel	
un jouet érotique		un jouet érotique	
une musique		une musique	
un meuble		un meuble	

Kim

Qui est avec qui ?

Voici le tableau des couples que vous observez une minute :

Martine	Georges
Pascal	Ophélie
Bernard	Pierre
Saïd	Josiane
Laure	Marie-Ange
David	Velvet
Samia	Augusto

Après une minute d'observation vous cachez le tableau ci-dessus. Vous allez recomposer les couples.

Laure	
Georges	
Saïd	
Velvet	
Ophélie	
Augusto	
Pierre	

Quelles clefs de cabine ?

Voici le tableau de clefs des passagers :

Passagers	Numéro de clefs
Mireille	21
Bernard	12
Claudine	34
Arnaud	23
Dominique	15
Marie	37

Vous observez le tableau des clefs une minute puis vous le cachez.
Qui se trouve dans chaque chambre ?

12	
15	
21	
23	
34	
37	

Intrus

Parmi ces 5 mots, désignez l'intrus :

Amours, penchants, pharmacie, inclinaison, sentiments

....

Galère, galion, galénique, trirème, caravelle

....

Cul, postérieur, arrière, sexe, derrière

....

Comparaison de vos résultats pour le Chapitre 1

	Joueur 1	Joueur 2
Texte à trous		
Dessin caché		
Mots cachés		
Baratin		
Jeu des costumes		
Jeu des sept erreurs		
Mots cassés		
Orthographe		
Quiz		
Dernières lettres		
Charades		
Anagrammes		
SoToku		
Questions croisées		
Kim		
Intrus		
TOTAL		

Si vous souhaitez comparer vos réponses sur ce chapitre vous trouverez les résultats des jeux et un barème de notation en fin de livre (pages 167 et 176).

2. le code de la route

Mots croisés

	1	2	3	4	5	6	7	8	9	10	11
I											
II				■						■	
III							■				
IV					■				■		
V		■						■			
VI			■			■					
VII							■				
VIII					■						

Horizontalement : ***I****. Grande veste pour un membre de l'académie.* – ***II****. Font la paire avec elles. S'occuper du nœud de son mari.* – ***III****. Suffit à satisfaire quelques plaisirs virtuels. S'attelle à soigner son dernier pied.* – ***IV****. Ne branle rien. L'endroit idoine pour brouter la foufoune de Madame. Pour ceux qui cherchent une liaison.* – ***V****. Ne se consomme pas dans le bar. Il a les boules et la tige verte.* – ***VI****. Le début de la rondelle. Les choses de la vie. Il enferme le lagon.* – ***VII****. Que l'on ne pourra ni brouter, ni caresser dans le sens du poil. Voilà ce qui arriva quand Adam et Ève croquèrent une nouvelle fois la pomme.* – ***VIII****. Ne se lâche pas quand on monte sa jument. Ça me ferait mal à l'estomac.*

Verticalement : ***1****. Faire une entrée remarquée.* – ***2****. Se remuer le train. Gros trou pour une belle poutre.* – ***3****. Un petit coup en plus. Le bout du sein.* – ***4****. Parfois vicieux pour certaines relations.* – ***5****. Boîte de crème dont on sort pour aller aux cabinets. Ne put s'empêcher de croquer la pomme.* – ***6****. Arrête la relation. Bien baisé.* – ***7****. Embrassé à l'œil. Sa gorge n'a rien d'excitant.* – ***8****. Ouvre la bouche pour faire entrer quelque chose de frais. Réponse en écho.* – ***9****. Opération pratiquée au centre. Avalé en aspirant.* – ***10****. Ne pas arrêter de limer.* – ***11****. Remue la queue pour marquer sa satisfaction.*

Quiz

Entourez la bonne réponse :

Qu'est ce que le point P ?

■ L'extrémité du pénis
● Une zone vaginale excitante
▲ Un magasin de bricolage

Une femme callipyge possède :

● Une peau douce comme la soie
▲ Des fesses généreuses
■ Des années d'expérience sexuelle

Vidanger permet de :

● Se vider la vessie après l'amour
▲ Changer l'huile du moteur
■ Changer l'eau d'un vibromasseur aqua-thermique

Combien de Français sont persuadés que le grand amour existe ?

■ 23 %
● 42 %
▲ 68 %

Embrayer permet de :

■ Draguer tout ce qui bouge
▲ Passer une vitesse
● Introduire le pénis plus facilement

Où se situe le bas-côté ?

▲ De chaque côté de la route
■ Au niveau de la culotte de cheval
● Proche des grandes lèvres

Quel pourcentage d'hommes mariés se masturbent ?
● 6 %
▲ 72 %
■ 95 %

Une heure de sexe consomme :
● 42 calories
▲ 630 calories
■ 95 2274 calories

Qu'est-ce que la prostate ?
■ Une maladie contagieuse
▲ Une glande de l'appareil génital masculin
● Un muscle de l'abdomen

Le vendredi c'est :
■ Raviolis
● La veille du lendemain de samedi
▲ Le jour de Vénus

Comptez combien vous avez de ■ ● ▲

Vous avez un maximum de ▲
On peut dire que vous êtes plutôt balèze. Pour un soir sans, il vous sera facile de vous rattraper en l'émoustillant sur une histoire de sexe bien maîtrisée.

Vous avez un maximum de ●
Ne vous contentez pas de ce que vous savez déjà. Adepte, peut-être, de San Antonio, vous n'en maîtrisez pas tous les aspects. Relisez encore et encore.

Vous avez un maximum de ■
Remettez à jour vos connaissances sur le sujet. Il faudrait peut-être arrêter de lire la bibliothèque rose et aller voir ce qui se passe derrière le rideau.

Anagrammes

Trouvez les anagrammes correspondant aux indications :

ETERNITE		Enserrer
GIVREE		Sans tache
DOGE		Substitut
POULIES		À raser
DANOIS		Beau gosse

Kim

Qui est avec qui ?

Voici le tableau des couples que vous observez une minute :

Véronique	Gaétan
Jules	Bernardo
Herman	Pauline
Genevieve	François
Constant	Christelle
Laïla	Odile
John	Bernadette

Après une minute d'observation vous cachez le tableau ci-dessus. Vous allez recomposer les couples.

Odile	
Herman	
Geneviève	
Constant	
Gaëtan	
Bernardo	
John	

Qui met quoi ?

Voici le tableau des sous-vêtements que vous observez une minute

Antoinette	Culotte blanche coton
Béatrice	String léopard
Karl	Caleçon vert pomme
Gérard	Slip kangourou blanc
Malika	Culotte en soie beige
Assan	Caleçon rouge et vert
Anastasie	String noir

Après une minute d'observation vous cachez le tableau ci-dessus. Vous allez recomposer les tenues.

Assan	
Karl	
Anastasie	
Béatrice	
Gérard	
Malika	
Béatrice	

Intrus

Parmi ces 5 mots, désignez l'intrus :

Amant, amoureux, épris, dépité, mordu

....

Hystérique, herbivore, pithiatique, excité, nerveux

....

Blasée, lascive, sensuelle, charnelle, offerte

....

Orthographe

Indiquez la bonne orthographe d'une croix :

éjacullasion	
éjacullation	
éjaculation	

Les mots cachés

Trouvez le plus rapidement possible le mot ***masturbation*** *en 5 exemplaires.*

A	M	O	U	T	I	M	A	S	Q	U	A	T	O	R
L	A	D	O	U	R	A	I	N	V	E	J	E	U	X
A	S	U	R	E	E	S	R	A	P	E	N	O	R	M
E	T	R	M	I	E	T	U	R	M	A	G	I	O	N
L	U	M	A	S	T	U	R	B	A	T	I	O	N	P
E	R	O	S	J	U	R	I	T	S	L	U	S	O	L
O	B	U	T	A	L	B	A	L	T	I	O	L	O	E
J	A	L	U	I	E	A	C	E	U	R	K	M	I	S
A	T	A	R	E	O	T	H	T	R	L	U	E	B	E
M	I	L	B	N	L	I	A	R	B	U	I	M	A	R
Q	O	M	A	S	T	O	T	O	A	H	L	I	G	E
E	N	A	T	V	E	N	I	E	T	U	C	E	R	D
D	U	R	I	O	N	I	O	T	I	O	M	O	N	T
E	M	Q	O	E	I	N	V	Q	O	K	A	N	I	S
B	R	E	N	D	U	O	E	U	N	O	N	T	J	E

Texte à trous

Leçons de mauvaise conduite

Replacez ces mots dans le texte :

verge / couilles / tige / jouir / prendre / sexe / peau / bite / gland / recalotter

— Branle-moi !

— Mais…

— Allez, sois gentille, je t'ai bien fait ...., moi...

J'ai répondu que je ne savais pas comment m'y ...., alors il a dit :

— Je vais te montrer ! Regarde... c'est plus facile que d'apprendre à conduire !

Il a empoigné sa .... et a tiré sur la peau. Le .... s'est redressé. Puis il a remonté la main pour se .... Et ainsi de suite... il faisait monter et descendre ses doigts. Sa .... grossissait et rougissait. Le trou, au bout du gland, s'ouvrait et se refermait. Ça me fascinait et me dégoûtait tout à la fois.

— À toi, maintenant !

Je n'ai pas résisté. J'ai refermé les doigts sur son .... C'était chaud, dur, vivant. J'ai bougé la main comme il me l'avait montré.

— Comme ça ?

— Oui... serre un peu plus... tire bien sur la ...., voilà, comme ça...

Son gland est devenu écarlate et une grosse veine bleue s'est gonflée le long de la .... Je le branlai lentement, en m'appliquant. À chaque mouvement, mes doigts touchaient les ....

Il avait fermé les yeux. J'ai accéléré.

— Plus fort ! Ça va venir ! Ça monte !

J'avais une vague idée de ce qui allait se passer...

Extrait de Leçons de mauvaise conduite *de Dorgeval, Média 1000*

Autres jeux avec ce texte :

Si vous avez du temps devant vous, vous pourrrez exercer votre mémoire en apprenant par cœur quelques lignes de ce texte et en les récitant à un éventuel partenaire, qui de son côté aura fait de même avec un autre des textes à trous. Les fautes, oublis ou hésitations se payant de bises ou autres faveurs.

Si vous avez l'âme créative, ou plus simplement le corps en alerte, vous pouvez aussi continuer l'histoire et faire apprécier la suite que vous inventez à votre ou vos camarades de jeux.

Dessin caché

Reliez les chiffres entre eux et découvrez le dessin.

Charades

Mon premier veut dire dedans

Mon second attache des chaussures

Mon troisième ne dit pas la vérité

Mon tout est un corps à corps amoureux :

....

Mon premier est un petit homme

Mon second n'est pas vrai

Mon troisième est un revenu

Mon tout est une femme qui aime les hommes :

....

Questions croisées

Vous pouvez jouer seul à ce jeu mais à deux c'est encore plus excitant.
Le joueur ou la joueuse n°1 remplit ce questionnaire sans le montrer au joueur ou à la joueuse n°2 qui fait de même. Une fois les deux remplis vous montrez vos réponses à l'autre. Une discussion peut s'engager.

Joueuse / joueur n° 1

D'après moi, ma plus grosse qualité est :

....

La plus grosse qualité que tu dois sans doute me reconnaître est :

....

Je pense que ta plus grosse qualité est :

....

D'après moi, mon plus gros défaut est :

....

Le plus gros défaut que tu dois sans doute me reprocher est :

....

Je pense que ton plus gros défaut est :

....

Joueuse / joueur N° 2

D'après moi, ma plus grosse qualité est :

....

La plus grosse qualité que tu dois sans doute me reconnaître est :

....

Je pense que ta plus grosse qualité est :

....

D'après moi, mon plus gros défaut est :

....

Le plus gros défaut que tu dois sans doute me reprocher est :

....

Je pense que ton plus gros défaut est :

....

Baratin

Dans votre rétroviseur, vous apercevez dans le véhicule de derrière la conductrice entièrement nue au volant.
Que faites-vous ?

....

....

....

....

....

....

....

....

....

....

....

....

....

....

Jeu des positions

Retrouvez la définition de ces 4 positions :

Position	N° de la définition
A. La spirale des neuf	?
B. Le trône d'Ianna	?
C. L'approche sumérienne	?
D. Le siège sumérien inversé	?

N° 1
Demandez à votre amant de s'assoir sur un siège. Asseyez-vous aussi, face à lui, vos jambes à l'extérieur de ses cuisses. Empalez-vous doucement et profondément sur son manche. Embrassez-le tant que possible, puis accrochez-vous au fauteuil et chevauchez votre monture jusqu'à épuisement.

N°2
Il est allongé sur le dos, vous êtes accroupie au-dessus de lui. Vous saisissez son dard et vous le faites glisser le long de votre fente, en dessinant des cercles autour de votre clitoris. Vous introduisez juste un petit bout de gland et vous vous retirez, puis recommencez à caresser.

N°3
Les hommes utilisent cette technique depuis la nuit des temps. Elle consiste à varier le tempo de ses va-et-vient. Une ou deux pénétrations peu profondes, et une troisième plus forte.
Puis quelques va-et-vient légers et un dernier plus fort. Maintenez le rythme jusqu'à ce que l'un de vous atteigne l'extase.

N°4

Vous êtes accroupie au-dessus de lui, mais de dos. Il a une magnifique vue sur vos fesses.

Caressez-le et penchez-vous en avant pour le goûter du bout de la langue. Il aura alors une vue imprenable sur le trésor de votre entrejambe. Empalez-vous sur son sexe dressé en faisant bouger vos hanches.

Cette position permet de voir l'envers du décor et une profonde pénétration.

SoToku (niveau facile)

Comme pour le Sudoku à chiffres, chaque ligne, colonne et région ne doit contenir qu'une seule fois les 9 symboles. Formulé autrement, chacun de ces ensembles doit contenir tous les symboles suivants :

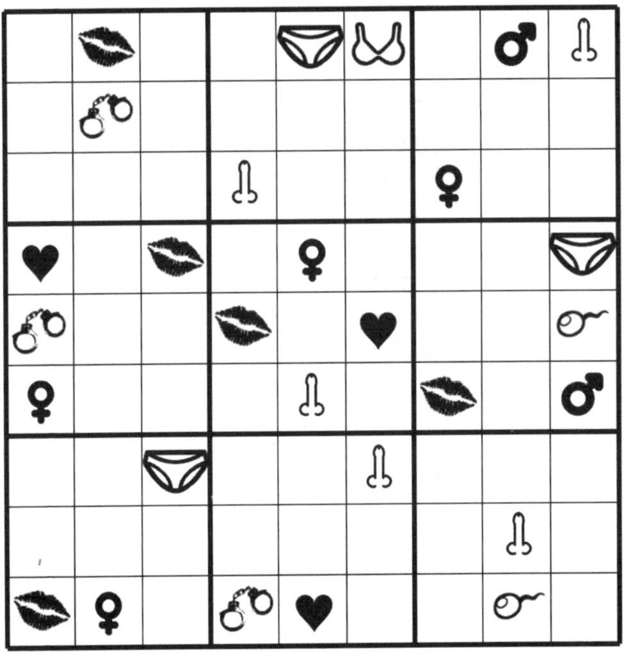

Dernières lettres

Retrouvez les trois dernières lettres communes à ces trois mots :

Exemple :

Ann	*ale*
Vén	*ale*
Fin	*ale*

Bou	
Cou	
Ave	

Dre	
Tre	
Ble	

Tre	
Cra	
Cro	

Mots cassés

Avec ces morceaux de mots :

ORG	PUT	EUS	QUE
LUE	JAL	NIS	OTE
UER	POI	ANE	NIQ
ADO	PEL	AIN	OUX

Reconstituez huit mots de ***6 lettres*** *chacun.*

	Beau gosse
	Méfiant
	Peut être génital
	Non imberbe
	Péripatéticienne
	Par-derrière chez le chien
	Argot de copuler
	Tripote

Comparaison de vos résultats pour le Chapitre 2

	Joueur 1	joueur 2
Mots croisés		
Quiz		
Anagrammmes		
Kim		
Intrus		
Orthographe		
Mots cachés		
Texte à trous		
Dessin caché		
Charades		
Questions croisées		
Baratin		
Jeu des positions		
SoToku		
Dernières lettres		
Mots cassés		
TOTAL		

Si vous souhaitez comparer vos réponses sur ce chapitre vous trouverez les résultats des jeux et un barême de notation en fin de livre (pages 167 et 176).

3. le rallye auto

Anagrammes

Trouvez les anagrammes correspondant aux indications :

DEFILE		Habitué
FRISEES		Cul
SUCRE		Fellation en simple
FOUTE		Pour les fesses
MEROU		Femme de peu

Jeu des positions

Retrouvez la définition de ces 4 positions :

Position	N° de la définition
A. L'union de l'éléphant	?
B. L'ouverture de la cigale	?
C. L'union du loup	?
D. La posture du bambou	?

N° 1
Vous êtes tous les deux debout, la femme lève sa jambe jusqu'au coude de son partenaire. Il peut aider en soutenant cette jambe. Si vous êtes vraiment souple, vous pouvez étendre cette jambe et la poser sur l'épaule de votre partenaire. L'homme peut aider en soutenant le bas du dos.

N°2
La femme est allongée sur le ventre, Son partenaire est allongé au-dessus avec ses jambes entre les cuisses de sa partenaire. Il passe ses mains sous les fesses de façon à écarter et caresser les fesses et les lèvres de sa partenaire tout en la pénétrant.

N°3
La femme est allongée sur le ventre. Son partenaire est agenouillé autour de ses cuisses et la pénètre par derrière.

N°4
La femme est allongée sur le dos avec les jambes repliées de chaque côté de sa tête. L'homme est à genoux pour pénétrer puissamment sa partenaire avec un angle de vue insolite.

Dernières lettres

Retrouvez les trois dernières lettres communes à ces trois mots :

Exemple :

Ann	*ale*
Vén	*ale*
Fin	*ale*

Rec	
Bru	
Men	

Pub	
Pén	
Nub	

Max	
Fat	
Opt	

Dessin caché

Reliez les chiffres entre eux et découvrez le dessin.

Texte à trous

Leçons de mauvaise conduite (suite)
Replacez ces mots dans le texte :
clitoris / desserré / serrées / clito / démarreur / poils / vaginales / fente / fermer / clitoridien / d'accélérateur / carburateur / vagin / mouillais / humide / soupirer / ouvrir

J'ai glissé les pouces sous l'élastique de ma culotte et, rouge de honte, je me suis débarrassée de mon sous-vêtement. Je gardais les cuisses .... pour en montrer le moins possible. Michel a passé la main sur mes ....

— C'est doux comme du velours. Allez, écarte les jambes que je voie si le .... n'est pas encrassé !
Je n'étais pas de taille à résister ; d'ailleurs, la situation commençait à m'exciter. J'ai .... les cuisses. Michel a promené ses doigts le long de ma fente, dans les poils. Il a trouvé mon .... Je n'ai pas pu m'empêcher de ....
— Tiens, j'ai trouvé le .... ! Ça part au quart de tour, ces petites garces ! Voyons si le reste fonctionne aussi bien…
Il a écarté mes lèvres .... ; à plusieurs reprises, il a joué à les .... et à les .... Puis, il revenait s'occuper du bourgeon .... et l'écrasait. Comme ça me faisait tressauter, il se marrait :

— Un petit coup .... ! T'as un tigre dans le moteur, on dirait.

Il m'a tripoté le .... et le ...... pendant de longues minutes. J'essayais de rester calme pour ne pas lui montrer que ça me plaisait, mais je ne pouvais pas dissimuler que je .... Chaque fois qu'il écartait ma .... , elle émettait un bruit .... , trahissant mon excitation. Cela ne lui a pas échappé.

Extrait de Leçons de mauvaise conduite *de Dorgeval,*
Média 1000

Autres jeux avec ce texte :

Si vous avez du temps devant vous, vous pourrez exercer votre mémoire en apprenant par cœur quelques lignes de ce texte et en les récitant à un éventuel partenaire, qui de son côté aura fait de même avec un autre des textes à trous. Les fautes, oublis ou hésitations se payant de bises ou autres faveurs.

Si vous avez l'âme créative, ou plus simplement le corps en alerte, vous pouvez aussi continuer l'histoire et faire apprécier la suite que vous inventez à votre ou vos camarades de jeux.

Mots cassés

Avec ces morceaux de mots :

COU	BRAS	CHE	NLE
OUS	AMA	CHA	ICE
BIS	DOC	DEL	NTS
RME	TTE	ILE	SPE

Reconstituez huit mots de ***6 lettres*** *chacun.*

	Qui s'aiment
	Petits baisers
	S'active sur le manche
	Sexe féminin et animal de compagnie
	A une vie sexuelle
	Plaisir exquis
	Obéissant
	Liquide séminal

Charades

Mon premier sort de la lampe d'Alladin
Mon second ce n'est pas *ma*
Mon troisième sert à dormir
Mon quatrième est une boisson anglaise

Mon tout est sexuel :

....

Mon premier possède
Mon second tâte
Mon troisième ne dit pas la vérité

Mon tout est un tâtonnement érotique :

....

Mots cachés

Organisez le plus rapidement possible un gang-bang avec 10 ***verges*** *et un* ***vagin*** *!*

M	E	T	I	V	A	G	M	A	D	A	M	U	L	O
A	J	A	C	O	T	O	I	M	E	D	I	T	V	E
D	E	V	E	R	D	E	O	T	R	O	K	O	I	L
A	F	E	H	I	L	V	E	R	G	E	V	A	E	I
H	A	R	I	L	A	R	F	I	N	A	E	P	R	E
I	T	G	K	O	R	E	A	T	T	E	R	A	B	N
T	I	E	N	D	A	N	T	I	A	M	G	B	L	N
A	L	I	Q	U	V	E	R	G	E	P	E	L	E	A
L	V	E	R	G	E	I	O	N	B	C	I	O	T	I
M	O	N	L	I	R	V	E	B	L	U	M	E	N	T
O	V	I	V	A	G	I	N	L	E	T	E	P	A	V
N	E	L	O	V	E	R	G	E	T	T	M	I	C	E
I	R	R	E	G	U	L	R	A	I	R	I	T	E	R
E	G	L	A	M	E	N	T	I	T	E	C	H	O	G
D	E	C	I	S	E	L	E	T	E	V	E	R	G	E

Baratin

Pour une journée en amoureux, on vous propose le circuit des 24 heures du Mans.
Vous vous dites…

....

....

....

....

....

....

....

....

....

....

....

....

....

....

SoToku (niveau facile)

Comme pour le Sudoku à chiffres, chaque ligne, colonne et région ne doit contenir qu'une seule fois les 9 symboles. Formulé autrement, chacun de ces ensembles doit contenir tous les symboles suivants :

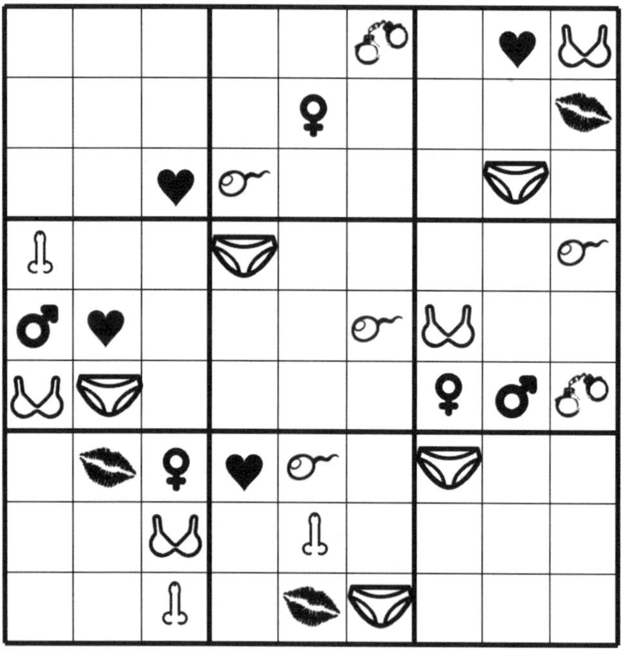

Intrus

Parmi ces 5 mots, désignez l'intrus :

Caresse, effleurement, frôlement, câlinerie, gifle

....

Baiser, bise, biroute, bisou, bécot

....

Pénis, phallus, clitoris, sexe masculin, baguette

....

Orthographe

Indiquez la bonne orthographe d'une croix :

Onnanisme	
Onanisme	
Onannisme	

Quiz

Entourez la bonne réponse :

Qu'est ce qu'un canal déférent ?
■ Une veine qui se sépare en deux
● Un conduit qui permet le passage du sperme
▲ Il y a une faute, c'est canal différent

Où se situe le triangle de Michaelis ?
■ En bas du ventre
▲ Au niveau du plexus solaire
● En haut des fesses

Qu'est-ce qu'un longeron ?
● Une pièce longitudinale du châssis d'une voiture
■ Une sorte de fouet en cuir tressé
▲ Une corde permettant d'attacher son (sa) partenaire au lit

Combien d'hommes pensent que la partenaire sexuelle idéale est une blonde ?
● 25 %
■ 53 %
▲ 87 %

En quoi consiste le déblaxonnage ?
● À alléger une pièce sur un véhicule
▲ À préparer un fist-fucking
■ À faire venir le maximum de personnes dans un club échangiste

À quoi sert un double godemichet ?
■ À remplacer une roue creuvée plus rapidement
▲ À faire joli sur une étagère
● À ce que 2 femmes se pénètrent simultanément

Pour un rallye voiture, vous avez droit à combien de roues de secours ?
▲ Une
● Deux
■ Autant que nécessaire

À quoi ressemble un baillon-boule ?
■ À un foulard brodé de perles
● À un collier avec une balle de golf
▲ À un bâton avec 2 petites boules à chaque extrémité

Une éjaculation contient :
▲ 22 calories
● 150 calories
■ 557 calories

A quoi correspond la sellerie ?
■ À un harnais de pony-girl
● À la garniture des fauteuils d'un véhicule
▲ À une pièce de métal sur un verrou

Comptez combien vous avez de ■ ● ▲

Vous avez un maximum de ●
Vous êtes un puits de savoir ! Bravo ! Pour vous les entrées et sorties pendant l'acte n'évoquent pas que le théâtre.

Vous avez un maximum de ▲
Ho hisse, ho hisse, encore un effort, vous arrivez juste au-dessus de la cuisse.

Vous avez un maximum de ■
Si l'on vous dit « tu te pointes et on tire » ce n'est pas pour jouer à la pétanque. La situation est claire, reprenons au commencement : « Au jardin d'Eden, Adam et Ève découvrirent leur nudité après qu'Ève ait succombé au serpent... »

Jeu des 7 erreurs

“ Et avec ça, monsieur, vous voulez des frites ?!? “

“ Et avec ça, monsieur, vous voulez des frites ?!? “

Kim

Qui est avec qui ?

Voici le tableau des couples que vous observez une minute :

Paul	Virginie
Antoine	Natalie
Samira	Ali
Véronique	Pascale
Romain	Clarisse
Noïa	Georges-Robert
Abel	Robert

Après une minute d'observation vous cachez le tableau ci-dessus. Vous allez recomposer les couples.

Véronique	
Robert	
Ali	
Noïa	
Antoine	
Clarisse	
Virginie	

Qui met quoi ?

Voici le tableau des couvre-chefs que vous observez une minute :

Robert	Une casquette
Camille	Un béret noir
Corinne	Un foulard rose
Justin	Un chapeau melon
Clara	Une toque de fourrure
Samir	Un béret arc en ciel
Juliette	Un bob blanc

Après une minute d'observation vous cachez le tableau ci-dessus. Vous allez recomposer les tenues.

Justin	
Corinne	
Clara	
Robert	
Samir	
Camille	
Juliette	

Questions croisées

Vous pouvez jouer seul à ce jeu, mais à deux c'est encore plus excitant.
Le joueur ou la joueuse n° 1 remplit ce questionnaire sans le montrer au joueur ou à la joueuse n° 2 qui fait de même. Une fois les deux remplis, vous montrez vos réponses à l'autre. Une discussion peut s'engager...

Joueuse / joueur n° 1

J'aimerais que tu me fasses :

....

Je crois que tu aimerais me faire :

....

Mon principal fantasme :

....

Ce que tu imagines être mon principal fantasme :

....

Je crois que ton principal fantasme est :

....

Joueuse / joueur N° 2

J'aimerais que tu me fasses :

....

Je crois que tu aimerais me faire :

....

Mon principal fantasme :

....

Ce que tu imagines être mon principal fantasme :

....

Je crois que ton principal fantasme est :

....

Comparaison de vos résultats pour le Chapitre 3

	Joueur 1	joueur 2
Anagrammes		
Jeu des positions		
Dernières lettres		
Dessin caché		
Texte à trous		
Mots cassés		
Charades		
Mots cachés		
Baratin		
SoToKu		
Intrus		
Orthographe		
Quiz		
Jeu des sept erreurs		
Kim		
Questions croisées		
TOTAL		

Si vous souhaitez comparer vos réponses sur ce chapitre vous trouverez les résultats des jeux et un barême de notation en fin de livre (pages 167 et 176).

4. le tour du monde en 69 jours

Baratin

Lors d'une visite aux abords des chutes du Niagara, vous apercevez Rocco Siffredi à vos côtés. Que voulez-vous lui dire ?

....

....

....

....

....

....

....

....

....

....

....

....

....

....

SoToku (niveau moyen)

Comme pour le Sudoku à chiffres, chaque ligne, colonne et région ne doit contenir qu'une seule fois les 9 symboles. Formulé autrement, chacun de ces ensembles doit contenir tous les symboles suivants :

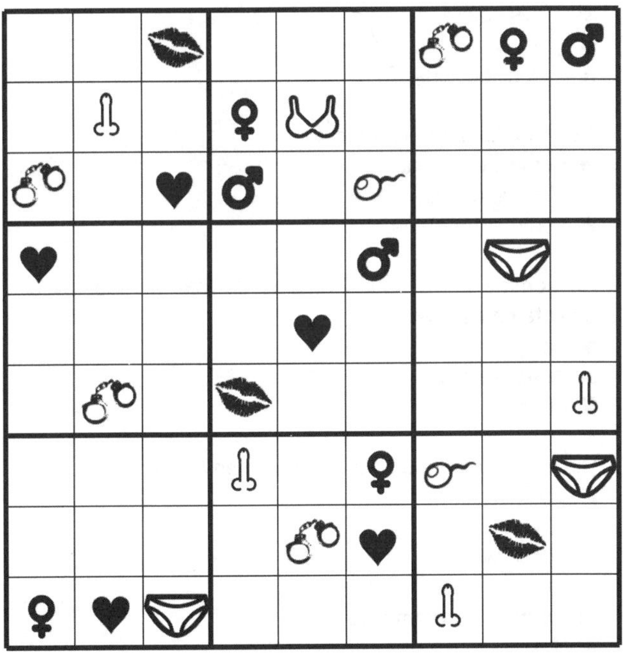

Quiz

Entourez la bonne réponse :

Qu'est ce qu'un check point ?

■ Une zone très excitante du vagin
▲ Un point de contrôle
● Un ticket permettant de visionner un film dans un sex-shop

« Gelukkig » en hollandais, ça veut dire :

● « Baise-moi »
■ « Je t'aime »
▲ « Alors, heureuse ? »

Que signifie *homo erectus* ?

● Homme en érection
▲ Homme debout
■ Homosexuel excité

Un homme qui a pour fantasme de faire l'amour avec deux femmes, c'est :

● Rarissime
▲ Assez fréquent
■ Un grand rêveur

Qui a écrit le livre *le Tour du monde en 80 jours* ?

■ Jules Renard
▲ Jules Verne
● Rocco Siffredi

Une partouze commence à :

▲ 3 personnes
● 4 personnes
■ 6 personnes

Qu'est-ce que le *retrouving* ?
▲ Une opération de récupération de montgolfière
● Le moment où les couples légitimes se retrouvent après une soirée échangiste
■ Une réunion de globetrotters

Les films X sont interdits de :
▲ Publicité
● *Making of*
■ Vêtements de couleur jaune

Définition d'un aérostat :
■ Bouton de réglage d'un vibromasseur
● Plumet servant à caresser votre partenaire
▲ Objet flottant dans un courant d'air

La luxure signifie :
▲ Péché de chair
● Péché d'argent
■ Péché de gourmandise

Comptez combien vous avez de ■ ● ▲

Vous avez un maximum de ▲
Félicitations, vous pouvez vous considérer comme très éclairé sur le sexe. Attention néanmoins à ne pas attraper d'ampoule sur un excès de fierté.

Vous avez un maximum de ●
Pour élever votre niveau, un conseil : pratiquez l'art du sexe et le sexe dans l'art. Chance ou pas sur ce coup, vous savez vous adapter à toutes les situations.

Vous avez un maximum de ■
Si vous êtes seul(e), cela n'étonnera personne. Si vous êtes à deux, cherchez à être trois, vous pourriez en apprendre un peu plus.

Mots cassés

Avec ces morceaux de mots :

CRO	FOU	STE	SES
CHA	BIJ	INS	OUX
ERI	CAT	TRE	UPE
MPE	FES	GER	TRO

Reconstituez huit mots de ***6 lettres*** *chacun.*

	On les dit de famille
	Femmes légères
	Virginal
	Du latin *futuere* « avoir des rapports »
	Train arrière
	Dresser la verge
	Jolies protubérances
	Fait cocu

Mots cachés

Le plus rapidement possible, trouvez 3 ***poitrines*** *et 6* ***seins****.*

T	O	R	E	A	D	P	O	I	T	F	U	M	E	E
I	P	E	R	I	O	R	T	R	I	N	E	A	C	H
P	O	I	T	R	I	N	E	J	O	I	N	A	I	E
D	I	A	B	L	I	Q	U	E	M	E	M	I	N	H
I	H	O	H	O	T	R	O	S	E	I	M	E	N	S
R	E	S	P	O	I	L	P	E	T	P	E	A	S	A
R	S	E	I	N	H	P	O	I	T	R	I	N	E	N
I	B	R	A	H	O	O	M	N	O	R	K	C	I	G
S	E	S	E	S	E	I	N	E	P	L	A	H	N	I
E	N	E	N	C	H	T	R	I	N	S	O	U	C	H
D	O	I	G	O	N	R	I	P	O	E	L	A	T	I
E	N	J	O	Y	H	I	R	I	L	I	T	C	I	H
C	O	N	S	E	I	N	L	L	E	N	I	A	C	I
O	R	E	I	N	O	E	O	R	E	O	L	E	O	C
N	I	S	C	O	I	S	E	P	O	U	P	E	E	S

Dessin caché

Reliez les chiffres entre eux et découvrez le dessin.

Texte à trous

J'étais une touriste... très sexuelle.
Replacez ces mots dans le texte :
caresser / fesses / branlé / chatte / enfiler / couilles / queue / raide / short / visage /culotte / écarté / cambré /ventre / langues / queue / coccyx / vagin / sueur / mouille / aisselles / branlée / gland / bite / couilles / mandarines / seins / chatte / pénis / longue / flexible

De dos dans l'abri exigu, j'ai frotté ma .... contre son .... dressé sous la djellaba. Mon short humide de .... et de .... me rentrait dans les .... J'ai saisi à pleine main le pénis du garçon sous son vêtement flottant ; alors, il a soulevé sa robe sous ses ...., et je l'ai .... Sa .... était terriblement ...., à la fois .... et très .... avec, dessous, des .... pleines à éclater, comme des .... vertes.

J'ai retiré mon .... et ma ...., et je me suis mise debout face à la paroi de pierre. J'ai .... les jambes, ... les reins et agrippé deux roches rondes pour me caler solidement. J'étais prête à recevoir le garçon dans la meilleure position possible.

Rachid s'est collé à moi par-derrière. Il s'est mis à me .... le .... et les .... J'ai tourné mon .... vers lui pour que nos .... puissent s'at-

teindre. Il a promené le bout de sa .... entre mes fesses, du .... au ...., aller et retour.
Je laissai monter mon excitation. Pendant un temps infini, le jeune bédouin m'a longuement .... avec son ...., sans jamais chercher à enfoncer sa .... dans ma............. Mais quelle jouissance à hurler quand il m'a enfin pénétrée jusqu'aux .... Me faire .... par-derrière, j'ai toujours aimé ça.

Extrait de J'étais une touriste très... sexuelle *de Béa T., Média 1000*

Autres jeux avec ce texte :

Si vous avez du temps devant vous, vous pourrez exercer votre mémoire en apprenant par cœur quelques lignes de ce texte et en les récitant à un éventuel partenaire, qui de son côté aura fait de même avec un autre des textes à trous. Les fautes, oublis ou hésitations se payant de bises ou autres faveurs.

Si vous avez l'âme créative, ou plus simplement le corps en alerte, vous pouvez aussi continuer l'histoire et faire apprécier la suite que vous inventez à votre ou vos camarades de jeux.

Triades du désir

Retrouvez la définition de ces 4 triades :

Position	N° de la triade
A. La triade supérieure	?
B. La triade médiane	?
C. La triade inférieure	?
D. La triade supernova	?

N° 1

Avec l'activation de ce triangle, vous diffusez des sensations explosives dans tout le bas du corps de votre partenaire. Vous lui sucez goulument le sexe, tout en lui caressant les pieds ; ou vous lui léchez les orteils tout en lui caressant son sexe.

N°2

Afin de maximiser l'énergie sexuelle du haut du corps, vous pétrissez les tétons de votre partenaire, tout en l'embrassant profondément. Ou bien vous lui caressez les lèvres avec les doigts, en lui léchant et mordillant les tétons.

N°3

Triangle érotique permettant d'envahir la colonne vertébrale et le bassin d'un tourbillon de plaisir. Vous lui léchez le sexe, tout en lui caressant les tétons, ou bien, vous lui titillez un téton d'une main et le sexe de l'autre main.

N°4

Allumez le feu dans tout son corps, et aussi son esprit. Combinez la triade supérieure et inférieure. Vous pouvez aussi faire une variante avec le 69 en positionnant votre sexe contre ses lèvres, vous lui titillez les tétons en lui léchant et avalant son sexe.

Dernières lettres

Retrouvez les trois dernières lettres communes à ces trois mots :

Exemple :

Ann	*ale*
Vén	*ale*
Fin	*ale*

Bât	
Has	
Ren	

Egé	
Ahu	
Aig	

Cig	
Idé	
Voc	

Charades

Mon premier marque l'après
Mon second une boisson anglaise (encore)
Mon troisième un moqueur

Mon tout est un cul :

....

Mon premier est un vent odorant
Mon second est clair
Mon troisième est un animal de laboratoire
Mon quatrième invite a couper le bois

Mon tout est un acte sexuel :

....

Anagrammes

Trouvez les anagrammes correspondant aux indications :

DEVENUE		Mise à prix
SIROTE		Utilisées pour les fesses
EGERIE		Bandée
MINISTRE		De passage
CREATION		Chapeau de paille

Intrus

Parmi ces 5 mots, désignez l'intrus :

Caleçon, maillot, short, bermuda, culotte

....

Virilité, puissance, force, énergie, impatience

....

Belle, adorable, jolie, jalouse, gracieuse

....

Orthographe

Indiquez la bonne orthographe d'une croix :

Fétichisme	
Phétichisme	
Fétichissme	

Kim

Qui est avec qui ?

Voici le tableau des couples que vous observez une minute :

Léonardo	Sonia
Karl	Bettie
Julien	Caroline
Noël	Pascal
Mohamed	Samira
Joël	Félicité
Antoine	Rolande

Après une minute d'observation vous cachez le tableau ci-dessus. Vous allez recomposer les couples.

Sonia	
Caroline	
Samira	
Karl	
Félicité	
Joël	
Pascal	

Qui met quoi ?

Voici le tableau des vêtements que vous observez une minute :

Roberta	Pull zippé
Julia	Pull col roulé
Flora	T-shirt
Sonia	Chemisier
Clara	Cardigan
Barbara	Gilet
Paola	Pull sans manches

Après une minute d'observation vous cachez le tableau ci-dessus. Vous allez demander à chacun de retirer :

Roberta	
Sonia	
Paola	
Julia	
Clara	
Flora	
Barbara	

Questions croisées

Vous pouvez jouer seul à ce jeu mais à deux c'est encore plus excitant.
Le joueur ou la joueuse n° 1 remplit ce questionnaire sans le montrer au joueur ou à la joueuse n° 2 qui fait de même. Une fois les deux remplis vous montrez vos réponses à l'autre. Une discussion peut s'engager.

Joueuse / joueur n° 1

Pour moi une belle histoire d'amour c'est :

....

Tu dois sans doute penser que pour moi une belle histoire d'amour c'est :

....

Je pense que pour toi une belle histoire d'amour c'est :

....

Pour moi le sexe dans la vie c'est :

....

Tu dois imaginer que pour moi le sexe dans la vie c'est :

....

Je pense que pour toi le sexe dans la vie c'est :

....

Ce que je préfère dans le sexe c'est :

....

Tu dois imaginer que ce que je préfère dans le sexe c'est :

....

J'imagine que ce que tu préfères dans le sexe c'est :

....

Joueuse / joueur n° 2

Pour moi une belle histoire d'amour c'est :

....

Tu dois sans doute penser que pour moi une belle histoire d'amour c'est :

....

Je pense que pour toi une belle histoire d'amour c'est :

....

Pour moi le sexe dans la vie c'est :

....

Tu dois imaginer que pour moi le sexe dans la vie c'est :

....

Je pense que pour toi le sexe dans la vie c'est :

....

Ce que je préfère dans le sexe c'est :

....

Tu dois imaginer que ce que je préfère dans le sexe c'est :

....

J'imagine que ce que tu préfères dans le sexe c'est :

....

Mots croisés

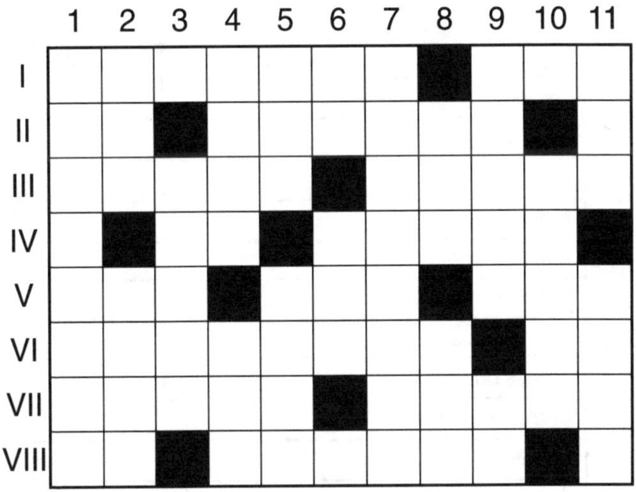

Horizontalement : ***I***. À faire aux rideaux pour atteindre le septième ciel. Sujet sur lequel on s'étend avec plaisir. – ***II***. La queue du puceau. Plante toxique des montagnes. – ***III***. S'élève quand on fait du foin ou quand on pose les bottes. Une affaire de goût. – ***IV***. Se perçoit comme un nœud. Mouille afin que ce qui est épais passe mieux... – ***V***. Le bout de la tige. Luth traditionnel en Afrique du Nord. Ainsi en latin. – ***VI***. Chemin des dames, des morues et des grues. Petit bout de nichon. – ***VII***. La petite est en soie et en dentelle. Bourre tant qu'il peut. – ***VIII***. Commence une étreinte et finit dans un jet. Madame apprécie de la voir monter.

Verticalement : ***1***. Plus on la lève, plus il devient aisé de prendre son pied. – ***2***. Quand elle est étroite, il n'est pas facile de décharger. On en jouit quand on vous a fait des avances. – ***3***. Libre, c'est comme la colle. – ***4***. Il n'a pas besoin d'une carte de membre, pour le plus grand bonheur des dames. On mouille quand on flirte avec. – ***5***. L'endroit idoine pour brouter. Que l'on a faite sauter. – ***6***. Dedans. Une bonne paire. – ***7***. Avec ça, on l'a bien raide ! – ***8***. N'est jamais sec quand on déguste. Il déteste l'odeur de la chatte. – ***9***. On peut en faire tout un discours. La tête dans les seins, ou dans le seau. – ***10***. Faux, ce sont des avantages acquis qui restent agréables à palper. – ***11***. Tire un coup. Cri de l'épouse surprise.

Comparaison de vos résultats pour le Chapitre 4

	Joueur 1	joueur 2
Baratin		
SoToku		
Quiz		
Mots cassés		
Mots cachés		
Dessin caché		
Texte à trous		
Triades du désir		
Dernières lettres		
Charades		
Anagrammes		
Intrus		
Orthographe		
Kim		
Questions croisées		
Mots croisés		
TOTAL		

Si vous souhaitez comparer vos réponses sur ce chapitre vous trouverez les résultats des jeux et un barême de notation en fin de livre (pages 167 et 176).

5. l'amour en altitude

Jeu des 7 erreurs

OOOHH... ENFIN... J'Y SUIS... ENFIN...
LÂCHEZ-MOI ! LÂCHEZ-MOI !

Histoire

Remettez en ordre ces petits bouts de phrase pour reconstituer une histoire :

Marie attendait son invité / L'invité arriva / Avec un bouquet... Il était vidé / Elle le retourna / Bien gras et sentant bon / Elle surveillait l'heure / Elle avait mis / Un poulet qui dorait au four... Et bien huilé / L'avait bien préparé

....

....

....

....

Charades

Mon premier est un demi zizi
Mon second est un sens
Mon troisième est claire

Mon tout est argotique et phallique :

....

Mon premier n'est pas dessus
Mon second est une reine
Mon troisième est la fin de mission

Mon tout est proche d'esclavage :

....

Dessin caché

Reliez les chiffres entre eux et découvrez le dessin.

Kim

Qui est avec qui ?

Voici le tableau des couples que vous observez une minute :

Wilfried	Françoise
Flora	Béatrice
Bernard	Pierre
Camille	Paul
Octavie	Bernard
Isabelle	Evrard
Agathe	Hubert

Après une minute d'observation vous cachez le tableau ci-dessus. Vous allez recomposer les couples.

Camille	
Flora	
Bernard	
Françoise	
Agathe	
Isabelle	
Gérard	

Qui met quoi ?

Voici le tableau des sous vêtements que vous observez une minute :

Caroline	Soutien-gorge rouge
Séverine	Soutien-gorge vert
Aline	Soutien-gorge noir
Justine	Soutien-gorge bleu
Martine	Soutien-gorge blanc
Jacqueline	Pas de soutien-gorge
Nadine	Soutien-gorge rose

Après une minute d'observation vous cachez le tableau ci-dessus.
Vous allez demander à chacune de retirer :

Nadine	
Jacqueline	
Martine	
Justine	
Aline	
Séverine	
Caroline	

Mots cassés

Avec ces morceaux de mots :

DO	LS	UX	GR
EB	BI	AT	GE
UE	CU	NA	SE
NA	PI	SA	NE

*Reconstituez huit mots de **6 lettres** chacun.*

	Petit baiser
	Fonds de bouteilles
	Non rugueux
	Plus souvent au pluriel
	Femme de mauvaise vie
	Dame
	Sexe masculin
	N'est pas coquin

Orthographe

Indiquez la bonne orthographe d'une croix :

Effleurer	
Efleurer	
Effleurrer	

Intrus

Parmi ces 5 mots, désignez l'intrus :

Tendresse, inclinaison, délibération, affection, penchant

....

Grossesse, boulimie, gestation, gravidité, en cloque

....

Génital, biseauté, sexuel, érotique, sybarite

....

Dernières lettres

Retrouvez les trois dernières lettres communes à ces trois mots :

Châ	
Par	
Sen	

Han	
Blan	
Man	

Pho	
Zom	
Ara	

Jeu des profils sexuels

Retrouvez la définition de ces 4 profils sexuels :

Profil sexuel	N° de la définition
A. L'obsédé	?
B. Le lent du gland	?
C. Le petit lapin	?
D. Le monomaniaque	?

N° 1
Ce n'est pas un éjaculateur précoce, mais presque. Il abuse des préliminaires car il en fait sa spécialité. C'est un tendre-égoïste, il jouira toujours avant vous en vous laissant là, à peine échauffée. Les ébats sexuels sont très angoissants pour lui et il ne se masturbe presque jamais.

N°2
Il a appris à faire l'amour par correspondance. Il fait comme s'il suivait une notice. Il fait l'amour comme une chorégraphie sans cesse rejouée, l'improvisation, il ne connaît pas. Il a ses trucs à lui qu'il rejoue à chaque fois dans le même ordre. Il se lave les dents, ensuite il s'allonge sur le lit, toujours en caleçon, puis 3 caresses par-ci par-là et hop ! Pénétration missionnaire. 6 minutes et 12 secondes plus tard c'est terminé, plié, dodo.

N°3
Avec lui c'est dix fois par jour, tous les jours. Au début vous vous dites, il est fou de mon corps, c'est normal, je l'excite, c'est le début. Mais même quand vous êtes enceinte, en

pyjama avec 40 de fièvre, c'est pareil ! Si vous partez en voyage, il passera sont temps à se masturber et quand vous rentrerez, il vous prendra à froid sur votre valise !

N°4
Il est convaincu que, plus c'est long, plus c'est bon. Avec lui, chaque partie de plaisir vire au marathon. Il est très appliqué et endurant, mais fatigant. Il lui faut des heures pour jouir, vous avez déjà passé en revue le Kama Sutra 3 fois avant qu'il ne se laisse aller.

Anagrammes

Trouvez les anagrammes correspondant aux indications :

SAMEDI		Acceptée
DEFONCE		Productrice
AMICALE		La dame aux ....
PARISIEN		Soigne
TOUR DE MAIN		Maître

Mots cachés

Le plus rapidement possible trouvez 10 ***zizis*** *ici :*

H	A	L	E	T	A	N	Z	I	G	A	N	E	N	T
I	U	M	P	U	M	Z	I	L	E	N	T	H	O	I
O	Z	I	Z	I	A	A	Z	I	G	M	A	N	E	T
G	O	R	E	E	S	H	I	P	O	P	O	T	I	A
T	I	R	Z	I	Z	I	M	E	M	E	G	O	T	M
L	E	A	F	P	I	E	N	A	P	L	E	I	N	A
O	Z	O	N	E	Z	I	Z	I	A	C	L	P	O	R
Z	I	G	Z	A	I	Z	M	I	R	H	E	F	I	E
I	M	O	I	R	E	S	A	L	T	O	M	I	D	I
Z	A	M	Z	I	G	Z	M	A	O	T	T	R	E	S
I	R	E	I	M	E	I	O	R	U	T	E	P	M	A
I	O	M	E	G	A	Z	U	E	T	C	O	N	M	U
E	N	Z	I	Z	I	I	C	H	E	T	I	V	E	S
L	E	T	O	I	R	E	H	A	Z	I	Z	I	N	O
I	S	E	T	H	E	M	E	I	O	R	E	N	T	S

Quiz

Entourez la bonne réponse :

Combien d'hommes trouvent le métier d'hôtesse de l'air érotique ?

■ 23 %
▲ 44 %
● 68 %

À quoi ressemble un *Intruder* ?

■ À un avion d'attaque
▲ À un objet facilitant la pénétration
● À un jouet de masturbation féminine

Les femmes sont-elles excitées par les vidéos pornos ?

▲ Jamais
■ Parfois
● À chaque fois

Qu'est ce qu'un cockpit ?

● Une poudre aphrodisiaque
■ La partie avant d'un avion
▲ Un anneau qui enserre le pénis

Que risque t-on devant la justice, pour un adultère ou prostitution ?

■ Rien
● 2 ans de prison
▲ Une amende

Le type « zéro » correspond à :

▲ Un mec vraiment nul
● Une taille de corset féminin
■ Un avion militaire

À quoi correspondent les coussinets d'amour ?
● Aux fesses
■ Aux seins
▲ Aux testicules

Avant chaque décollage, les hôtesses de l'air font :
● Une fellation au pilote
▲ Un strip tease
■ Une démonstration de sauvetage

Dans quel pays sont apparues les premières hôtesses de l'air ?
■ Les États-Unis
▲ La France
● La Chine

« Max-Erect », c'est quoi ?
■ Une pommade qui sert à prolonger l'érection
● Le nom d'un film porno
▲ Une pilule qui permet au pénis de doubler de volume

Comptez combien vous avez de ■ ● ▲

Vous avez un maximum de ■
Bien, très bien, vous entrez dans la catégorie des voyageurs du sexe. Le ciel vous est ouvert, persévérez sans pour autant arroser les autres de votre superbe.

Vous avez un maximum de ●
Pas trop mal, dans un long courrier, vous devriez en profiter pour approfondir votre expérience et développer vos connaissances.

Vous avez un maximum de ▲
Faites plutôt une croisière pour avoir le temps de réviser vos bases. En avion, bouclez votre ceinture mais n'ayez pas peur, les hôtesses de l'air ne sont pas toutes de dangereuses tigresses du sexe.

Baratin

Une hôtesse de l'air vous propose de visiter la cabine de pilotage. Qu'imaginez-vous ?

....

....

....

....

....

....

....

....

....

....

....

....

....

....

Comparaison de vos résultats pour le Chapitre 5

	Joueur 1	joueur 2
Jeu des sept erreurs		
Histoire		
Charades		
Dessin caché		
Kim		
Mots cassés		
Orthographe		
Intrus		
Dernières lettres		
Jeu des profils sexuels		
Anagrammmes		
Mots cachés		
Quiz		
Baratin		
TOTAL		

Si vous souhaitez comparer vos réponses sur ce chapitre vous trouverez les résultats des jeux et un barême de notation en fin de livre (pages 167 et 176).

6. gondoles à Venise

Texte à trous

En Italie, j'ai partouzé comme une folle
Imaginez les mots manquants dans ce récit.

Un peu .... par la trop bonne chair, j'ai refusé les ...., accepté le .... que proposait le serveur. Lui ayant signifié de ne plus nous ...., Kaspar a suggéré que nous nous installions côté salon. Ma .... à la main, je me dirigeais vers le canapé, quand j'ai été arrêtée par la voix de Matteo, m'intimant de me placer sur le ....
Je me suis tournée vers Kaspar. Ses yeux me disaient d'obéir. Je me suis .... en relevant ma .... au-dessus de mes ...., comme on me le commandait.
Un ...., pas de culotte… j'ai baissé les .... en même temps que les deux hommes sur les poils argentés de ma .... Assis sur le sofa aux côtés de Kaspar, Matteo ne parlait plus.
De bon gré, j'ai ôté la .... sous laquelle je ne portais rien. J'ai dénudé mes .... avec la même impudeur heureuse que ma .... Pour le plaisir de les sentir, je les ai pris dans mes mains, les rapprochant l'un de l'autre, ... doucement les pointes durcies. Kaspar et Matteo ouvraient leurs .... Quand j'ai eu

la vision de leurs ...., un flot de sang est descendu dans ma ....

— Écarte-les .... ! a dit Matteo en .... sa .... Je veux voir. Tout !

La gorge serrée, je me suis écartée, afin qu'il puisse voir la .... sombre de mon .... Une .... tiède descendait entre mes ...., mon .... se dressait ...., au milieu des .... clairs. Comme j'ébauchais un geste pour me ...., Kaspar m'a soufflé de me tenir tranquille.

Extrait de En Italie, j'ai partouzé comme une folle *de Vicente, Média 1000*

Autres jeux avec ce texte :

Si vous avez du temps devant vous, vous pourrez exercer votre mémoire en apprenant par cœur quelques lignes de ce texte et en les récitant à un éventuel partenaire, qui de son côté aura fait de même avec un autre des textes à trous. Les fautes, oublis ou hésitations se payant de bises ou autres faveurs.

Si vous avez l'âme créative, ou plus simplement le corps en alerte, vous pouvez aussi continuer l'histoire et faire apprécier la suite que vous inventez à votre ou vos camarades de jeux.

Dernières lettres

Retrouvez les trois dernières lettres communes à ces trois mots :

Apa	
Pro	
Gau	

Gra	
Cha	
Bra	

Cou	
Dou	
Bou	

Orthographe

Indiquez la bonne orthographe d'une croix :

Utterrus	
Hutérrus	
Utérus	

Intrus

Parmi ces 5 mots, désignez l'intrus :

Préservatif, capote, viagra, contraceptif, spermicide

....

Conquis, célibataire, jouvenceau, libre, damoiseau

....

Docile, éthylique, obéissante, maniable, disciplinée

....

Les mots cachés

Le plus rapidement possible trouvez 5 ***hard*** *et 5* ***soft*** *dans la grille.*

H	I	R	S	O	F	T	I	P	O	H	A	L	A	R
L	O	G	E	D	I	P	U	B	H	A	R	D	B	O
O	H	L	A	N	D	E	P	A	R	R	I	C	O	L
H	A	P	U	R	A	T	I	O	N	D	E	M	E	N
I	R	E	S	P	E	L	E	G	A	Z	I	E	N	T
A	D	I	C	T	I	O	N	O	N	E	A	V	I	A
E	N	D	E	H	C	H	U	T	E	S	I	M	E	N
I	S	M	I	A	L	B	E	R	S	O	F	T	O	I
S	O	F	T	R	U	E	I	N	C	H	A	L	A	C
P	E	R	O	D	P	O	L	I	T	A	C	K	E	U
M	I	A	M	I	O	U	F	P	I	L	A	S	U	B
L	E	S	H	E	I	N	R	O	K	A	S	O	F	T
I	S	O	F	A	L	I	O	N	E	R	O	T	I	K
R	U	F	I	O	A	L	I	H	A	R	D	E	N	T
E	N	T	E	R	N	A	S	E	L	I	A	R	D	E

Histoire

Remettez en ordre ces petits bouts de phrase pour reconstituer une histoire :

Aujourd'hui Marie doit essayer / Un jeune homme charmant / La couturière lui demande de se déshabiller / Pour aller à la soirée des débutantes / Elle espère y trouver le / Panier de rubans / Capable de l'intéresser / Et culbute sans le faire exprès / Sa robe de bal

....

....

Anagrammes

Trouvez les anagrammes correspondant aux indications :

GRACE		Belle fille du midi
MONNAIES		Tripotage sexuel
GREVE		S'érige
ORANGE		Peut être génital
ISODOME		Par-derrière

Charades

Mon premier est mort
Mon second une tranche de campagne
Mon troisième est à elle

Mon tout est une pute :

....

Mon premier est une insulte banale
Mon second résulte d'une blessure
Mon troisième est une sorte de friandise

Mon tout est facile :

....

Mots croisés

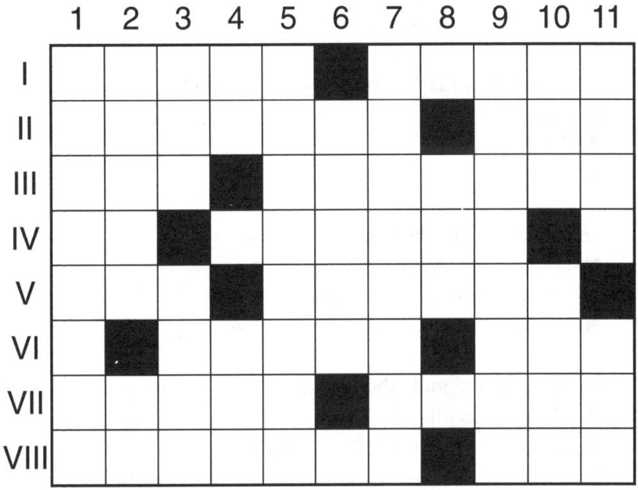

Horizontalement : ***I***. *Activité nautique donnant souvent l'occasion de mouiller. Quand on en a une belle paire, on les étend avec joie sur son lit.* – ***II***. *Permet de faire de bons mouvements dans toutes les positions. Période à laquelle il est permis de tout faire.* – ***III***. *Elle donne sept enfants à Jacob. A prendre quand elle est toute excitée.* – ***IV***. *Commence à sucer. On peut, justement, lui préférer le pompier.* – ***V***. *Fait passer un bon moment. On la sort pour faciliter une introduction.* – ***VI***. *Entretient de bons rapports avec sa voisine. Il est déjà grand, ce petit.* – ***VII***. *Qui laisse une sensation douce et agréable. Manifester du plaisir comme celui qui a mangé du lion.* – ***VIII***. *Met dans le petit trou. Dès qu'il arrive, on commence à se déshabiller.*

Verticalement : 1. *C'est tout ce qui reste quand on perd la boule.* – **2**. *Nous met encore plus en appétit dès que l'on sent qu'elle nous passe sous le nez. Article pour hommes.* – ***3***. *Se rendra. Joue à des jeux de mains (s').* – ***4***. *Au début, ça se prend en levrette. Salut à toi, César.* – ***5***. *Moins il est raide, mieux il est monté.* – ***6***. *Plus ou moins bien habillés.* – ***7***. *Qui met la santé en danger.* – ***8***. *Remua et se bougea beaucoup (se).* – ***9***. *Il est d'autant plus attachant que l'on a de belles bites à disposition* – *10. Bruit que l'on distingue quand on tire un coup. Disposition législative surtout connue de Nantes.* – *11. S'il est de cul, il faut surfer pour le voir. Monnaie nordique.*

Quiz

Entourez la bonne réponse :

L'homme doit faire sa demande en mariage :
■ Au restaurant
● À Venise
▲ À genoux

Qu'est-ce qu'un traghetti ?
■ Un spaghetti en trois fois plus long
▲ Une gondole à deux rameurs
● Un petit martinet italien

Quelle est la signification de MST ?
● Menstruation Très Soft
▲ Maladie Sexuellement Transmissible
■ Translation Sexual Mutual (en anglais dans le texte)

Qu'est ce qu'un squero ?
▲ Un réparateur de gondoles
■ Un square réservé aux échangistes
● Un homme déguisé en soubrette

Quel est le nom savant du point A ?
■ Angelus maxi fornicatus
▲ Antérior fornex erogenous
● Anal exitabilis sexus

Les gondoles sont :
▲ Dissymétriques
● Asymétriques
■ Biométriques

Qu'est-ce que l'ESO ?
▲ Orgasme Sexuel Prolongé
● Animal Sexual Orgasm
■ Etienne, suce-moi, ohhhhh !

Une gondole mesure :
▲ 10,87 m
■ 6,52 m
● 2,50 m

Où se situe le muscle pubococcygien ?
■ Au-dessus du pénis
● Autour de l'anus
▲ Dans le vagin

Qui est l'auteur des « Onze mille verges » ?
● Maupassant
▲ Apollinaire
■ Baudelaire

Comptez combien vous avez de ■ ● ▲

Vous avez un maximum de ▲
Vous brillez des mille feux du carnaval, vous pouvez l'emmener à Venise sans crainte. N'en faites pas trop quand même.

Vous avez un maximum de ■
Pas mal, profitez de votre balade sur la terre ferme de la place Saint-Marc pour améliorer vos performances et avoir le pied marin sur les barquettes de l'amour.

Vous avez un maximum de ●
Il va falloir ramer si vous voulez vous mettre a niveau et ne pas rester coincé(e) toute votre vie sous le pont des soupirs.

Mots cassés

Avec ces morceaux de mots :

ER	PU	TE	GO
DE	AN	HA	SL
SE	OS	BI	IP
AL	MU	RD	TE

*Reconstituez huit mots de **4 lettres** chacun.*

	Stade du caca
	D'amarrage
	De la famille d'érotique
	Objet pénétrant
	Dame tarifée
	Qui inspire
	Pas soft
	Ou caleçon

Baratin

Le gondolier a la braguette ouverte. Que faites-vous ?

....

....

....

....

....

....

....

....

....

....

....

....

....

....

SoToku (niveau moyen)

Comme pour le Sudoku à chiffres, chaque ligne, colonne et région ne doit contenir qu'une seule fois les 9 symboles. Formulé autrement, chacun de ces ensembles doit contenir tous les symboles suivants :

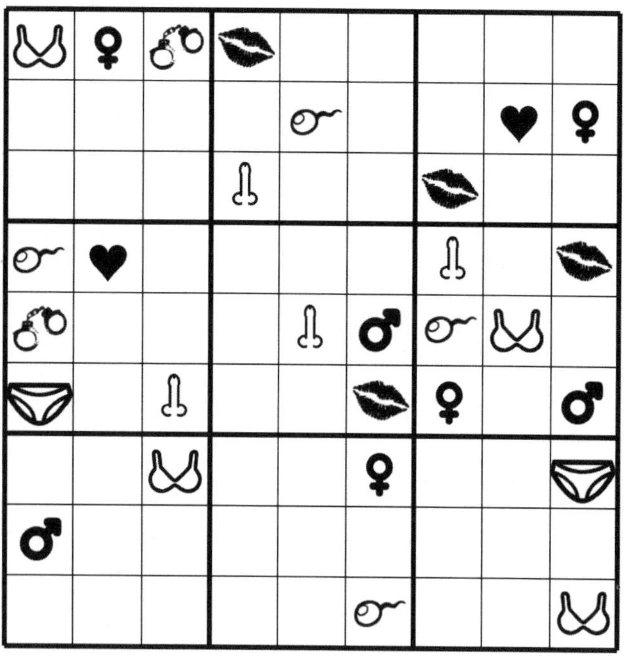

Kim

Qui est avec qui ?

Voici le tableau des couples que vous observez une minute :

Ida	Romain
Eric	Colette
Hugues	Igor
Marie	Philippe
Blandine	Félicitée
Daniel	Coralie
Olga	Constantin

Après une minute d'observation vous cachez le tableau ci-dessus. Vous allez recomposer les couples.

Olga	
Coralie	
Blandine	
Marie	
Hugues	
Colette	
Ida	

Qui met Quoi ?

Voici le tableau des hauts féminins que vous observez une minute :

Rolande	Brassière
Patricia	Débardeur
Mélanie	Caraco
Cécile	Bustier
Claire	Nuisette
Laure	Liquette
Céline	Rien

Après une minute d'observation vous cachez le tableau ci-dessus. Vous allez recomposer les tenues.

Liquette	
Bustier	
Nuisette	
Caraco	
Rien	
Brassière	
Débardeur	

Le jeu des positions

Retrouvez la définition de ces 4 positions :

Position	N° de la définition
A. La position d'Indra	?
B. La tortue marine	?
C. La fleur d'amour	?
D. Les ciseaux du paradis	?

N° 1
Position simple du missionnaire avec toutefois une concentration mentale sur la sensation de vos organes qui remonte tout au long de votre corps, créant ainsi un sentiment de connexion avec votre partenaire.

N°2
Dans la position du missionnaire, la femme pose ses pieds contre la poitrine de l'homme, cuisses serrées. Les pieds exerçant un massage des pectoraux et des tétons du partenaire.

N°3
La partenaire est allongée sur le côté en écartant les jambes comme des ciseaux. L'homme enjambe une cuisse et s'agenouille afin de pénétrer sa partenaire et lui caresser les fesses.

N°4
La femme est allongée sur le dos, les jambes repliées avec les pieds proches de fesses. Elle saisit ses chevilles et ondule dans tous les sens.

Dessin caché

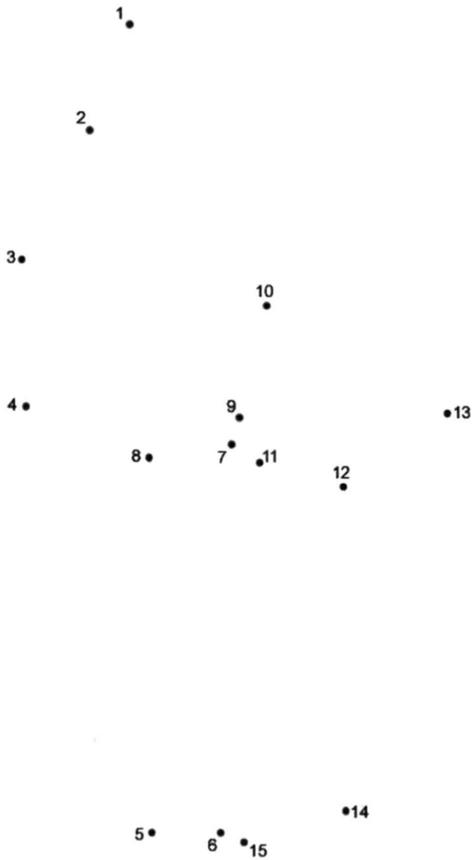

Reliez les chiffres entre eux et découvrez le dessin.

Comparaison de vos résultats pour le Chapitre 6

	Joueur 1	joueur 2
Texte à trous		
Dernières lettres		
Orthographe		
Intrus		
Mots cachés		
Histoire		
Questions croisées		
Anagrammes		
Charades		
Mots croisés		
Quiz		
Mots cassés		
Baratin		
SoToku		
Kim		
Jeu des positions		
Dessin caché		
TOTAL		

Si vous souhaitez comparer vos réponses sur ce chapitre vous trouverez les résultats des jeux et un barême de notation en fin de livre (pages 167 et 176).

7. rando pédestre

Kim

Qui est avec qui ?

Voici le tableau des couples que vous observez une minute :

Yolande	Adèle
Yvette	Alfred
Yvonne	Armand
Yves	Apolline
Valentin	André
Viviane	Achille
Victor	Audrey

Après une minute d'observation vous cachez le tableau ci-dessus.Vous allez recomposer les couples.

Achille	
Armand	
Audrey	
Adèle	
André	
Alfred	
Apolline	

Qui met Quoi ?

Voici le tableau des hauts d'homme que vous observez une minute :

T-shirt vert	Maxime
Sweat blanc	Florent
Débardeur gris	Honoré
Marcel blanc	Charles
Polo rouge	Pierre
Maillot noir	Saïd
Rien	Bertrand

Après une minute d'observation vous cachez le tableau ci- dessus. Vous allez recomposer les tenues.

Saïd	
Bertrand	
Maxime	
Laurent	
Pierre	
Honoré	
Charles	

Intrus

Parmi ces 5 mots, désignez l'intrus :

Exhibition, spectacle, représentation, scène, bazar

....

Complaisant, gentil, pratique, aimable, obligeant

....

Fessée, raclée, volée, punition, carnage

....

Orthographe

Indiquez la bonne orthographe d'une croix :

péripatéticienne	
pérripatéticienne	
Péripathéticienne	

SoToku (niveau difficile)

Comme pour le Sudoku à chiffres, chaque ligne, colonne et région ne doit contenir qu'une seule fois les 9 symboles. Formulé autrement, chacun de ces ensembles doit contenir tous les symboles suivants :

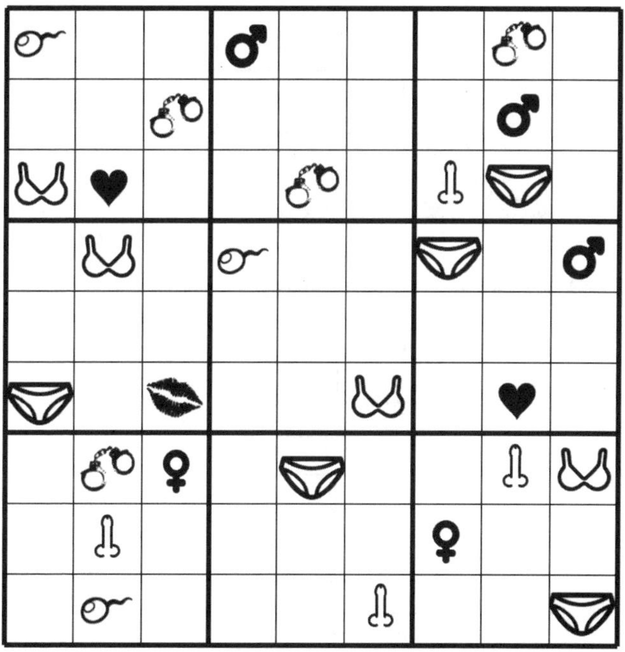

Codes secrets

Par quel nombre doit-on remplacer le point d'interrogation ?

		13		
				25
	?			
			44	
51				

Dernières lettres

Retrouvez les trois dernières lettres communes à ces trois mots :

Rai	
Har	
Rou	

Bro	
Cro	
Poi	

Bik	
Inf	
Déf	

Jeu des costumes

Retrouvez les accessoires qui correspondent aux rôles suivants :

Rôle	Accessoires
A. La soubrette et le maître de maison	*N° ?*
B. Salomé et son sultan	*N° ?*
C. La sirène et le pêcheur	*N° ?*
D. L'auto-stoppeur et la conductrice	*N° ?*

N° 1
Foulards et coussins

N°2
Jupe longue et étroite, feutre pour dessiner des coquillages sur les seins, canne à pêche

N°3
Petit tablier blanc, plateau et verre en plastique

N°4
Minijupe et sac à dos

Mots cachés

Le plus rapidement possible munissez-vous de 5 ***préservatifs*** *:*

S	P	R	E	I	S	P	O	R	I	C	H	E	I	E
E	M	A	N	N	E	R	T	S	I	A	D	M	C	H
P	A	I	S	V	D	H	E	T	T	V	E	P	O	P
A	R	E	P	R	É	S	E	R	V	A	T	I	F	R
Q	U	P	R	É	S	E	R	V	A	T	I	F	N	É
E	N	G	É	I	E	P	L	U	S	P	U	E	N	S
P	R	É	S	E	R	V	A	T	I	F	E	A	N	E
B	O	N	E	T	A	D	I	E	U	N	V	A	I	R
C	H	A	R	E	N	I	F	R	O	S	I	V	O	V
H	E	R	V	A	Q	D	A	J	P	R	E	T	S	A
J	A	L	A	E	U	O	I	N	R	E	G	C	L	T
B	E	N	T	I	F	M	V	O	E	L	H	E	U	I
L	I	P	I	U	E	R	T	H	T	E	T	A	M	F
H	E	R	F	J	S	I	G	K	I	G	S	K	A	L
P	O	N	E	O	T	C	H	A	F	U	I	D	E	R

Dessin caché

Reliez les chiffres entre eux et découvrez le dessin.

Baratin

Vous êtes perdu en forêt en compagnie d'une dizaine de femmes, plus belles les unes que les autres. Qu'imaginez-vous pour le bivouac de ce soir ?

Anagrammes

Trouvez les anagrammes correspondant aux indications :

AMIABLE		Que l'on aime
ESCARRES		Dans le sens du poil
EMUS		Qui inspire
PINES		Sexe masculin
BANI		Peut être de boue

Mots cassés

Avec ces morceaux de mots :

CONS	SSES	LLES	EFFL
TAGE	IERE	CARE	UËTE
CONQ	ABAT	BISO	COUI
UTER	EURE	DERR	CALE

Reconstituez huit mots de 8 lettres chacun :

	Tarifs industriels
	Distribution de petits baisers
	Ou slip
	Les mecs disent en avoir deux
	Effleurements à usage érotique
	Bataille territoriale gagnée
	Caresse doucement
	Pas devant

Charades

Mon premier début de travail
Mon second on l'enfile ou on la prend
Mon troisième pour réaliser un tissu
Mon quatrième ne dit pas la vérité

Mon tout est du transformisme :

. . . .

Mon premier est un animal médicinal
Mon second est au lit

Mon tout est d'un érotisme soft :

. . . .

	1	2	3	4	5	6	7	8	9	10	11
I									■		
II					■		■				
III			■					■			
IV						■				■	
V				■							
VI		■						■			
VII						■			■		
VIII					■						

Horizontalement : *I. Signer une décharge pour un versement en liquide. Passage pour piétons. –* ***II****. Se fait d'autant mieux que l'on a une belle queue. Amène de l'eau à notre moulin. –* ***III****. La queue dans le minou. Ne se fait pas caresser dans n'importe quel sens. On s'y fait mener en bateau. –* ***IV****. Etablir des relations rapprochées. Un bout dont on aurait avalé la tête. –* ***V****. Colère de nos aïeux. Les plus gourmandes n'en perdent pas. –* ***VI****. Se marie bien avec les seins et les couilles. Lettre grecque. –* ***VII****. Quand elle sent, on peut penser que c'est un fruit de mère. Nombre premier. Pétille dès que l'on parle de flûtes. –* ***VIII****. Sa doudou, c'était Didon. Quand on l'a, c'est qu'on est raide comme la justice.*

Verticalement : ***1****. Ce qu'il y a de meilleur dans le cochon. –* ***2****. Profiter pleinement de la vie et du vit. Commence à ondoyer et finit dans le con. –* ***3****. Article contracté. Totalement satisfaite de ce qu'elle a avalé. –* ***4****. On en a plein la main quand on prend son pied. Blonde légère pour gentleman. –* ***5****. Entreprise de transports en commun. –* ***6****. Quand elle sort de la Chambre, c'est aussi pour être violée. En quoi l'affaire est bonne. –* ***7****. Il peut vous proposer une chambre. –* ***8****. Soleil divin d'Egypte. Bout à bout. Commence à niquer. –* ***9****. Membre actif pour cercle d'amie. –* ***10****. Facilite les entrées. Serre fort ce qu'on y introduit. –* ***11****. Se la met une nouvelle fois.*

Quiz

Entourez la bonne réponse :

Une femme polyandre possède :

● Plusieurs maris
▲ Des genoux qui se plient dans les deux sens
■ Plus de deux seins

Un clitocybe à toison est :

■ Un vibromasseur réservé au clitoris
● Un champignon
▲ Une ceinture de chasteté

Les noces de cuir correspondent à :

▲ 6 ans de mariage
● 2 ans de mariage
■ 25 ans de mariage

L'Eurorando c'est :

● 6 mois de randonnée à travers l'Europe
■ Une randonnée qui permet de gagner des euros
▲ Un gode anal

À Tahiti, que signifie une fleur sur l'oreille ?

● Je suis libre
▲ Je suis vierge
■ Je suis en manque de sexe

Qu'est-ce que le E4 ?

■ Une vitamine permettant de bander plus longtemps
▲ Touché-coulé !
● Le plus long sentier européen de grande randonnée

Combien de femmes aimeraient être attachée pendant l'amour ?

● 18 %
▲ 28 %
■ 52 %

À quoi sert un podomètre ?

■ À mesurer la longueur des chemins
● À compter les pas
▲ À établir des statistiques sur les homosexuels

Une personne dotée d'inhibitions est une personne qui :

■ Est vêtue d'un grand manteau à la sortie des écoles
▲ Réalise tous ses fantasmes
● À des pensées qui l'empêchent de prendre du plaisir sexuel

Le mont de Vénus, c'est :

■ Un très vieux volcan d'Auvergne
● Un coussinet de graisse qui protège l'os pubien
▲ Un gâteau breton

Comptez combien vous avez de ■ ● ▲

Vous avez un maximum de ●

C'est très bien. Vous êtes rapide et vos enjambées sont puissantes. Attention quand même à la solitude du vainqueur.

Vous avez un maximum de ▲

Vous devriez chanter en marchant, ça permet de soutenir le rythme. Encore un effort, c'est la dernière ligne droite.

Vous avez un maximum de ■

Si c'est vrai qu'on apprend en marchant il va falloir courir un peu pour rattraper votre retard.

Comparaison de vos résultats pour le Chapitre 7

	Joueur 1	joueur 2
Kim		
Intrus		
Orthographe		
SoToku		
Codes secrets		
Dernières lettres		
Jeu des costumes		
Mots cachés		
Dessin caché		
Baratin		
Anagrammes		
Mots cassés		
Charades		
Mots croisés		
Quiz		
TOTAL		

Si vous souhaitez comparer vos réponses sur ce chapitre vous trouverez les résultats des jeux et un barême de notation en fin de livre (pages 167 et 176).

8. voyages et vacances

Codes secrets

Par quel nombre doit-on remplacer le point d'interrogation ?

		31		
				52
13				
			44	
	?			

Intrus

Parmi ces 5 mots désignez l'intrus :

Douceur, délicatesse, aménité, obésité, gentillesse

....

Jaloux, méfiant, soupçonneux, puritain, ombrageux

....

Zizi, pine, queue, braquemart, carotte

....

Mots cassés

Avec ces morceaux de mots :

ACCO	TETE	BONI	EJA
CULER	TRER	ENCU	ORIS
MENT	CLIT	LADE	ASSE
LENT	EMBR	PENE	CHAS

Reconstituez huit mots de ***8 lettres*** *chacun.*

	Baiser protocolaire
	Pour vendre sa marchandise
	Il y a des ceintures pour ça
	Exprimer son jus
	Entrer
	Par derrière chez le chien
	Argot de copuler
	S'enfoncent par derrière

Quiz

Entourez la bonne réponse :

Qu'appelle t-on communément l'or blanc ?
● Le sperme
▲ Le sel
■ La cyprine

Selon la tradition, les marins ont souvent :
● La gueule de bois
▲ Une femme dans chaque port
■ Des préservatifs plein les poches

On se sert de pinces chinoises en pratiquant :
▲ Le sado-masochisme
■ Le cyclisme
● La cuisine orientale

Une call-girl c'est :
● Une nana qui vous harcèle au téléphone
▲ Une prostituée
■ Une femme qui travaille pour le téléphone rose

Qu'est-ce que le Gardnerella Vaginalis ?
■ Une position sexuelle
▲ Une infection vaginale
● Le titre d'une livre érotique

Qu'est-ce que le prépuce ?
● La peau qui protège le clitoris
■ Une activité de préliminaire
▲ La petite peau autour du gland des hommes non-circoncis

Qu'est-ce que l'indice de protection ?

■ Une indication routière
● L'épaisseur d'un préservatif
▲ Le niveau de filtration UV d'une crème solaire

En quoi consiste le tourisme industriel ?

■ À faire l'amour dans des usines, des ateliers ou des bureaux
▲ À visiter des entreprises
● À profiter d'un voyage d'affaire pour faire du tourisme

Si vous téléphonez au 15, vous contactez :

▲ Le SAMU (urgences médicales)
■ Le téléphone rose
● Les pompiers

Les femmes fantasmes le plus sur :

● Les tennismen
▲ Les rugbymen
■ Les footballeurs

Comptez combien vous avez de ■ ● ▲

Vous avez un maximum de ▲

Bien, vous êtes le rêve des voyagistes : mobile, diversifié, connaisseur. N'oubliez pas de faire partager votre EEE (Extrême Érudition Érotique)

Vous avez un maximum de ●

Un bon début mais n'allez pas toujours dans le même club. La diversité enrichit.

Vous avez un maximum de ■

Les vacances sexuellement actives, vous avez entendu parler ? Renseignez-vous il est grand temps.

Texte à trous

J'exhibais ma copine dans un club de naturistes
Imaginez les mots manquants dans cette épopée sexuelle...

Mon regard revient vers la .... Les .... se sont redressés, enlacés. Ils entreprennent le retour vers la .... La femme a de très jolies .... C'est vraiment un ...., mais le meilleur à mon goût est du côté de .... : un petit derrière musclé, rond, bien fendu. Je fonds littéralement. Le couple sort de l'eau. Tout à coup, l'homme saisit sa .... sous les ...., la soulève à l'horizontale et s'accroupit doucement sur la ...., sa partenaire dans les bras. Il s'étend et l'allonge entre ses jambes. On voit sa .... plonger entre les cuisses, tandis que la femme ...., les .... écartés, en dodelinant de la tête.
C'en est trop. Tant pis pour Valérie. Je me laisse tomber sur les fesses, passe les mains sous ma ...., attrape l'élastique du maillot et l'enlève carrément. À côté de moi, Valérie, hypnotisée par le spectacle des deux ...., fait rouler ses pointes de seins entre ses doigts. Je pose le .... et me remets en position accroupie. Ma .... s'ouvre. Mes doigts partent aussitôt à la recherche de mon .... et le trouvent. Je sens une coulée de .... s'échapper de mon sexe. J'ai bien fait de me ....

De l'autre côté de l'eau, on passe aux choses sérieuses. L'homme redresse sa .... et se met à quatre pattes. Il .... comme un âne, sa .... raide et longue, le .... presque collé au nombril. Mes doigts s'affolent. L'homme prend les .... de sa compagne, les replie sur le .... et je vois son gland s'enfoncer dans la .... offerte. Après quelques mouvements assez lents, il accélère l'allure et .... de plus en plus rapidement sa partenaire, qui pousse des cris qu'on entend de notre cachette.

Extrait de J'exhibais ma copine dans un club de naturistes
de Laurence H. Média 1000

À la fin du livre vous pourrez comparer vos mots a ceux de l'auteur.

Autres jeux avec ce texte :

Si vous avez du temps devant vous, vous pourrez exercer votre mémoire en apprenant par cœur quelques lignes de ce texte et en les récitant à un éventuel partenaire, qui de son côté aura fait de même avec un autre des textes à trous. Les fautes, oublis ou hésitations se payant de bises ou autres faveurs.

Si vous avez l'âme créative, ou plus simplement le corps en alerte, vous pouvez aussi continuer l'histoire et faire apprécier la suite que vous inventez à votre ou vos camarades de jeux.

Dessin caché

Reliez les chiffres entre eux et découvrez le dessin.

Anagrammes

Trouvez les anagrammes correspondant aux indications :

MANTA		N'est pas le mari
PIASTRE		Zones intimes
ESTIMERAS		N'est pas l'épouse
MOUISES		Obéissante
AERES		Sans poil

Orthographe

Indiquer la bonne orthographe d'une croix :

Roucouller	
Roucouler	
Rouquouler	

Mots cachés

Organisez le plus rapidement possible un 10 ***bises****.*

E	U	R	P	I	B	I	E	F	O	N	D	A	B	L
C	L	E	M	O	H	R	N	I	T	E	B	P	R	S
H	E	B	R	V	A	R	T	A	C	B	I	S	E	I
S	B	I	S	E	C	O	I	B	I	L	O	S	T	E
H	A	S	T	A	T	E	P	I	P	K	B	S	J	S
T	C	E	G	U	E	D	R	S	A	H	L	M	O	B
S	N	O	T	B	A	M	O	E	U	A	E	A	S	I
N	A	T	B	I	S	E	Y	O	A	H	N	R	S	S
D	U	I	O	S	L	I	E	U	S	A	C	K	I	E
B	S	E	N	E	C	R	B	I	S	E	O	E	B	U
R	A	V	A	I	N	E	P	O	I	T	I	P	L	E
D	B	I	S	E	B	O	U	S	B	I	M	E	R	N
E	R	U	E	D	I	E	R	E	A	J	O	R	F	W
F	A	I	T	A	S	P	B	I	T	U	D	T	U	E
B	I	D	E	M	E	T	E	N	I	A	R	I	O	L

Baratin

Cet été, la mode des plages sera le monokini-string.
Vous décidez aussitôt de :

....

....

....

....

....

....

....

....

....

....

....

....

....

....

Jeu des 7 erreurs

© Dessin issu de *Drekbook*, d'Anton Drek, éditions Dynamite.

ET QUAND VINT LA LUNE DE MIEL...
COUCHONS-NOUS VITE, VICTOR !
ET FAISONS-LE ENFIN !
TU ES IMPATIENTE, HEIN ? OK !
JE LIBERE MA LIBIDO !
CIEL ! CE N'EST PAS MON MARI !

Le jeu des positions

Retrouvez la définition de ces 4 positions :

Position	N° de la définition
A. La brouette tantrique	?
B. L'union suspendue	?
C. La promenade du serpent	?
D. Le cobra déroulé	?

N° 1
L'homme est allongé sur le dos, sa partenaire est à genoux au-dessus et s'empale doucement. Elle penche son buste en arrière et agrippe les chevilles de son partenaire. Ensuite elle bouge doucement dans tous les sens possibles.

N°2
La femme est à quatre pattes sur le sol. L'homme saisit les chevilles par derrière afin de les soulever. Il ne lui reste plus qu'à s'introduire.

N°3
Huilez vos corps et allongez-vous sur votre partenaire en la pénétrant et en ondulant dans tous les sens.

N°4
L'homme est debout pendant que la femme enroule ses bras autour de son cou et ses jambes autour de ses hanches. L'homme peut aider en soutenant sa partenaire sous les fesses.

SoToku (niveau difficile)

Comme pour le Sudoku à chiffres, chaque ligne, colonne et région ne doit contenir qu'une seule fois les 9 symboles. Formulé autrement, chacun de ces ensembles doit contenir tous les symboles suivants :

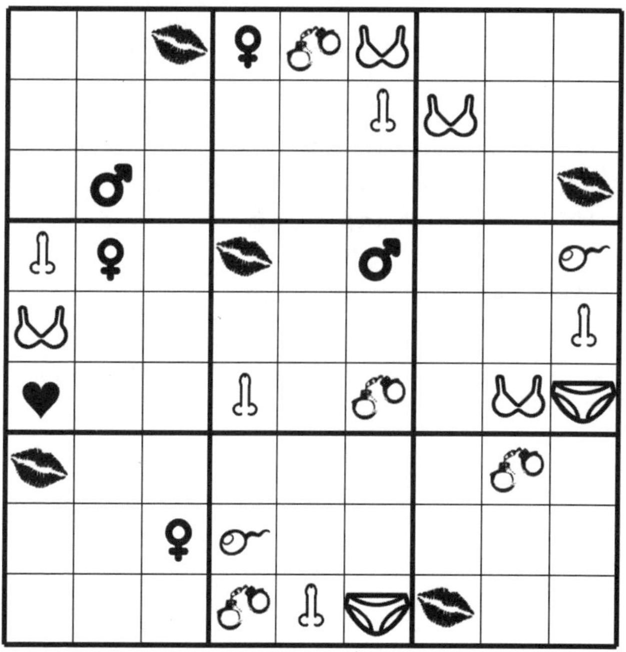

Charades

Mon premier est important et lourd
Mon second la fin de futur
Mon troisième vaut bien les collants
Mon quatrième est la fin de perturbation

Mon tout une occupation qui ne rend pas sourd :

....

Mon premier se trompe en argot
Mon second couvre les mains
Mon troisième réalise le repas du soir

Mon tout est une fille de mauvaise vie :

....

Dernières lettres

Retrouvez les trois dernières lettres communes à ces trois mots :

Exemple :

Ann	*ale*
Vén	*ale*
Fin	*ale*

Dée	
Lie	
Ane	

Tra	
Eba	
Pyt	

Lab	
Gén	
Fil	

Kim

Qui est où ?

Dans quelle région vous avez rencontré ce garçon :

Jalil	Congo
Farid	Maroc
Christopher	Angleterre
Ruben	Belgique
Attila	Turquie
Esteban	Pays basque
Chiraz	Arménie

Après une minute d'observation vous cachez le tableau ci-dessus. Vous allez situer où retrouver ce garçon.

Esteban	
Attila	
Christopher	
Chiraz	
Jalil	
Ruben	
Farid	

Qui est où ?

Dans quelle région vous avez rencontré cette jeune femme :

Diana	Arménie
Carrie	Angleterre
Nabila	Congo
Aïcha	Algérie
Axelle	Belgique
Kamelya	Turquie
Maialen	Pays basque

Après une minute d'observation vous cachez le tableau ci-dessus. Vous allez situer où retrouver cette jeune femme.

Aïcha	
Axelle	
Carrie	
Kamelia	
Diana	
Maialen	
Nabila	

Comparaison de vos résultats pour le Chapitre 8

	Joueur 1	joueur 2
Codes secrets		
Intrus		
Mots cassés		
Quiz		
Texte à trous		
Dessin caché		
Anagrammes		
Orthographe		
Mots cachés		
Baratin		
Jeu des 7 erreurs		
Le jeu des positions		
SoToku		
Charades		
Dernières lettres		
Kim		
TOTAL		

Si vous souhaitez comparer vos résultats sur ce chapitre, vous trouverez un barême de notation en fin de livre (page 176).

résultats des jeux

Réponses du chapitre 1

Texte à trous : pelotait / nichons / l'aréole / raie / obscènes / pubis / glaçon

Jeu des costumes : A : 3 / B : 4 / C : 1 / D : 2

Jeu des sept erreurs : 1- La lettre «E» de Drekbook ; 2- le petit pon-pon sur le béret ; 3- les deux petits traits à droite de la bulle de chewing-gum ; 4- la bouteille d'encre sur la table ; 5- l'ancre tatouée sur la poitrine du dessinateur ; 6- les poils pubien du modèle qui dépassent de la culotte ; 7- la moustache du dessinateur.

Mots cassés : Patron, verges, baiser, rameur, amours, tendre, enculé, ancrer

Orthographe : Copulation

Dernières lettres : rie - cie – ère

Charades : [é, ja, cul, à, scions = Éjaculation]
[cul, nid, lin, gus = Cunnilingus]

Anagrammes : BAISER CARESSE POULE LASCIVE SLIP

SoToku

Intrus : Pharmacie, galénique, sexe

Réponses du chapitre 2

Mots croisés

P	R	E	S	E	R	V	A	T	I	F
E	U	X	■	N	O	U	E	R	■	R
N	E	T	C	A	M	■	R	I	M	E
E	R	R	E	■	P	R	E	■	E	T
T	■	A	R	E	T	E	■	G	U	I
R	O	■	C	V	■	A	T	O	L	L
E	P	I	L	E	E	■	A	B	E	L
R	E	N	E	■	U	L	C	E	R	E

Anagrammes : ETREINTE VIERGE GODE POILUES ADONIS

Intrus : Dépité, herbivore, blasée

Orthographe : Éjaculation

Texte à trous : jouir / prendre / bite / gland / recalotter / verge / sexe / peau / tige / couilles

Charades : [en, lace, ment = Enlacement]
[nain, faux, manne = Nymphomane]

Le jeu des positions : A : 3 / B : 1/ C : 2 / D : 4

SoToku

Dernières lettres : rse – ssé - sse

Mots cassés : Adonis, jaloux, organe, poilue, putain, queues, niquer, pelote

Réponses du chapitre 3

Anagrammes : FIDELE FESSIER SUCER FOUET MORUE

Jeu des positions : A : 3 / B : 2 / C : 4 / D : 1

Dernières lettres : tal – ien - ima

Texte à trous : poils / carburateur / desserré / serrées / clito / soupirer / démarreur / vaginales / fermer / ouvrir / clitoridien / d'accélérateur / clitoris / vagin / mouillais / fente / humide

Mots cassés : [amants, bisous, branle, chatte, couche, délice, docile, sperme]

SoToku

Charades : [géni, ta, lit, thé = génitalité]
[à, touche, ment = attouchement]

Intrus : Gifle, biroute, clitoris

Orthographe : Onanisme

Jeu des sept erreurs : 1- le point du « i » de « Diner » sur la vitrine à gauche ; 2- la fenêtre manquante sur l'immeuble à gauche ; 3- le « f » de «Fara » sur la blouse de la serveuse ; 4- la touffe de cheveux sur la tête du client à droite ; 5- les oiseaux volant au-dessus des nuages ; 6- la moustache du deuxième client ; 7- le « zigouigoui » sur la visière de la serveuse.

Réponses du chapitre 4

SoToku

Mots cassés : [bijoux, catins, chaste, croupe, ériger, foutre, fesses, trompe]

Texte à trous : chatte / pénis / sueur / mouille / fesses / aisselles / branlé / queue / longue / raide / flexible / couilles /mandarines / short / culotte / écarté / cambré / caresser / ventre / seins / visage / langues / queue / coccyx / vagin / branlée / gland / bite / chatte / couilles / enfiler

Triades du désir : A : 2 / B : 3 / C : 1 / D : 4

Dernières lettres : ard – rie - ale

Charades : [post, thé, rieur = postérieur]
[pet, net, rat, scions = pénétration]

Anagrammes : VENDUE, ORTIES, ERIGEE, INTERIMS, CANOTIER
Intrus : Maillot, impatience, jalouse

Orthographe :
Fétichisme

Mots croisés

G	R	I	M	P	E	R		L	I	T
A	U		A	R	N	I	C	A		U
M	E	U	L	E		G	U	I	S	E
B		N	E		D	I	L	U	E	
E	P	I		O	U	D		S	I	C
T	R	O	T	T	O	I	R		N	I
T	E	N	U	E		T	A	S	S	E
E	T		B	E	B	E	T	E		L

Réponses du chapitre 5

Jeu des sept erreurs : 1- la ligne blanche à gauche au dessus du genou ; 2- le nœud sur la chaussure à gauche en bas ; 3- le petit trait à gauche du poing au centre du dessin ; 4- le bouton de manchette en plus sur la veste ; 5- le cadran de la montre à droite du dessin ; 6- la goutte de sueur sur le front ; 7- le stylo en bas à gauche

Histoire :
[Marie attendait son invité. Elle surveillait l'heure. Elle avait mis un poulet qui dorait au four, l'avait bien préparé : Il était vidé et bien huilé, bien gras et sentant bon Elle le retourna. L'invité arriva avec un bouquet.]

Charades : [zi, gout, nette = zigounette] ; [sous, mis, sion = soumission]

Mots cassés : [bise, culs, doux, ébat, grue, nana, pine, sage]

Orthographe : Effleurer

Intrus : Délibération, boulimie, biseauté

Dernières lettres : tie – che - bie
Jeu des profils sexuels : A : 3 / B : 4 / C : 1 / D : 2

Anagrammes : ADMISE, FECONDE, CAMELIA, ASPIRINE, DOMINATEUR

Réponses du chapitre 6

Texte à trou : assoupie / liqueurs / café / stretto / déranger / tasse / pouf / assise / jupe / fesses / porte-jaretelles / yeux / toison / veste / seins / chatte / pinçant / braguettes / queues / bandées / vulve / cuisses / caressant / verge / tache / anus / mouille / lèvres / clitoris / rouge / poils / branler

Dernières lettres : che – sse – che

Orthographe : utérus

Intrus : viagra, conquis, éthylique

Histoire :
[Aujourd'hui Marie doit essayer sa robe de bal pour aller à la soirée des débutantes. Elle espère y trouver un jeune homme charmant capable de l'intéresser. La couturière lui demande de se déshabiller et culbute sans le faire exprès le panier de rubans.]

Anagrammes : GARCE ONANISME VERGE ORGANE SODOMIE

Charades : [péri, paté, ti, sienne = péripatéticienne] ; [con, plaie, zan = complaisant]

Mots croisés

V	O	I	L	E	■	D	R	A	P	S
A	D	R	E	S	S	E	■	M	A	I
L	E	A	■	C	A	L	M	A	N	T
S	U	■	S	A	P	E	U	R	■	E
E	R	E	■	L	E	T	T	R	E	■
U	■	B	A	I	S	E	■	A	D	O
S	U	A	V	E	■	R	U	G	I	R
E	N	T	E	R	R	E	■	E	T	E

Mots cassés : [Anal, bite, éros, gode, pute, muse, hard, slip]

SoToku

Jeu des positions : A : 2 / B : 4 / C : 1 / D / 3

Réponses du chapitre 7

Intrus : Bazar, pratique, carnage

Orthographe : Péripatéticienne

SoToku

Codes secrets : 32 = le premier chiffre de chaque nombre indique le numéro de la rangée, le second, celui de la colonne.
Dernières lettres : gie – sse - ini

Jeu des costumes : A : 3 / B : 1 / C : 2 / D : 4

Anagrammes : AIMABLE CARESSER MUSE PENIS BAIN

Mots cassés : [abattage, bisouter, caleçons, couilles, caresses, conquête, effleure, derrière]

Charades : [tra, veste, tisse, ment = travestissement] ; [sangsue, alité = sensualité]

Mots croisés

E	J	A	C	U	L	E	R	■	G	R
R	O	U	E	■	A	■	A	B	E	E
O	U	■	P	O	I	L	■	I	L	E
T	I	R	E	R	■	O	U	T	■	S
I	R	E	■	G	O	U	T	T	E	S
S	■	P	A	I	R	E	■	E	T	A
M	O	U	L	E	■	U	N	■	A	Y
E	N	E	E	■	T	R	I	Q	U	E

Réponses du chapitre 8

Codes secrets : 25 = le premier chiffre de chaque nombre indique le numéro de la colonne, le second, celui de la rangée.

Intrus : Obésité, puritain, carotte

Mots cassés : [accolade, boniment, chasteté, éjaculer, clitoris, pénétrer, embrasse, enculent]

Texte à trous : rivière / campeurs / berge / fesses / canon / l'homme / compagne / genoux / mini-plage / tête / s'abandonne / bras / jupe / corps / maillot / vulve /clitoris / mouille / déculotter / tête / bande / queue / gland / jambes / ventre / vulve /pistonne
Anagrammes : AMANT PARTIES MAITRESSE SOUMISE RASEE

Jeu des sept erreurs : 1- la poignée du tiroir de la coiffeuse ; 2- le lacet du corsage ; 3- la barbe du personnage ; 4- le peigne de la femme ; 5- les traits manquants à la droite de la tête du monstre ; 6- le texte en bas de la deuxième vignette : 7- le « nonosse » sur la tête du monstre

Jeu des positions : A : 2 / B : 4 / C : 3 / D : 1

SoToku

Charades : [mas, tur, bas, tion = masturbation] ; [goure, gant, dine = gourgandine]

Dernières lettres : sse – hie - ial

Orthographe : Roucoule

notations

Si vous le souhaitez vous pouvez introduire de la compétition entre joueur et déboucher sur des gages coquins attribués au ou à la perdant(e).

Voici un tableau pour vous aider à faire vos comptes pour chaque chapitre.
Dans la plupart des cas, comptez un point pour celui qui termine le jeu le plus vite.

Jeux	Le + rapide	Le - rapide	Joueur n° 1	Joueur n° 2
Mots cachés	1	0		
Mots cassés	1	0		
Dernières lettres	1	0		
Charades	1	0		
Anagrammes	1	0		
Dessin	1	0		
Les 7 erreurs	1	0		

Dans d'autres jeux où il y a possibilité d'erreur, mettez un point au plus rapide et 1 point en moins par erreur.

Jeux	Le + rapide	Le - rapide	Par faute	Joueur n° 1	Joueur n° 2
Orthographe	1	0	-1		
Intrus	1	0	-1		
Histoires	1	0	-1		
Code secret	1	0	-1		
Jeux des costumes, positions,triades profils	1	0	-1		
Textes à trous	1	0	-1		
Mots croisés	1	0	-1		
SoToku	1	0	-1		

Certains jeux enfin demandent quelques adaptations.
Pour le baratin on ajoutera 0.1 point par ligne et on retirera 0.5 points par erreurs au Kim (jeu de mémoire).

Jeux	Le + rapide	Le - rapide	Par faute	Par ligne	Joueur n° 1	Joueur n° 2
Baratin	1	0	-1	+0,10		
Kim	1	0	-0,5			

Pour les quiz vous marquez 2 points si vous êtes dans la première catégorie (quelque soit le symbole) 1 point pour la deuxième, et 0 dans la troisième.

	1ère catégorie	2ème catégorie	3ème catégorie	Joueur n° 1	Joueur n° 2
Quiz	2	1	0		

Pour les questions croisées c'est l'autre joueur qui vous attribue une note d'honnêteté...

	Très honnête	Nuances, nuances	Mensonges	Joueur n° 1	Joueur n° 2
Questions croisées	2	1	0		

Joueur n° 2

		Joueur n° 1
	TOTAL	

index des jeux

Imprimé en Espagne par Sagrafic
Dépôt légal : Juin 2006